预算执中

苟燕楠 著

中国财经出版传媒集团
中国财政经济出版社

图书在版编目（CIP）数据

预算执中 / 苟燕楠著．--北京：中国财政经济出版社，2021.12

ISBN 978-7-5223-0966-8

Ⅰ．①预…　Ⅱ．①苟…　Ⅲ．①预算管理-研究-中国　Ⅳ．①F812.3

中国版本图书馆 CIP 数据核字（2021）第 253831 号

责任编辑：张晓彪　　　　责任印制：刘春年

封面设计：陶　雷

预算执中

YUSUAN ZHIZHONG

中国财政经济出版社 出版

URL：http：//www.cfeph.cn

E-mail：cfeph@cfeph.cn

社址：北京市海淀区阜成路甲 28 号　邮政编码：100142

营销中心电话：010-88191522

天猫网店：中国财政经济出版社旗舰店

网址：https：//zgczjjcbs.tmall.com

北京时捷印刷有限公司印刷　各地新华书店经销

成品尺寸：150mm×230mm　16 开　13.5 印张　180 000 字

2021 年 12 月第 1 版　2021 年 12 月北京第 1 次印刷

定价：68.00 元

ISBN 978-7-5223-0966-8

（图书出现印装问题，本社负责调换，电话：010-88190548）

本社质量投诉电话：010-88190744

打击盗版举报热线：010-88191661　QQ：2242791300

序　言

一部现代预算史，各种预算模式你方唱罢我登场，反认他乡是故乡。究其原因，不外乎执“术”为“道”，时过境迁，难以为继。探讨预算之道，就是寻找预算理念和原则不可须臾离弃的运用之道。巧妇难为无米之炊，预算紧平衡时代的来临，使这个问题的解答迫在眉睫，如何才能穷神知化，见几而作？于是深思经典，读了二十年《中庸》，愈觉深不可测，“溥博渊泉，而时出之”。于是反思实践，从事二十年预算工作，依旧日新不已，临渊履薄，朝乾夕惕。

1998 年，我在预算处工作，预算就是一切。为了每个数字寻寻觅觅，为了每个口径辗转反侧，为了每张报表苦心孤诣，为了每份报告殚精竭虑，为了每次汇报沉潜反复。知我者莞尔一笑，不知我者谓我何求。

2004 年，我在干部学院工作，预算原来如此。在领导干部眼里，预算是能力，有钱才能更好地干事业；预算是手段，有钱就能调动积极性；预算是利益分配，要做到公正透明。预算是政治，讲政治预算才正确；预算是技术，懂技术预算才可靠。

2014 年，我在大学管理预算，预算一年，一年预算。收入是什么，现有收入是什么？潜在收入是什么？还有哪些收入可争取？支出是什么，什么能支出？什么不能支出？不支出会怎样？预算责任是什么，谁负责？负责什么？如何负责？预算周期是什么，什么时候编预算？编什么样的预算？谁参与决策？如何决策？如何有效执行？如何审计和评价预算？如何改进预算？做预算的人来来往往、纷纷扰扰，每年预算还依旧。

进入新时代，预算不止是预算。新冠疫情来了，国际局势变化，国家战略调整，预算也变了。预算面对更大的不确定性，必须更灵活、更加积极有为。但收支矛盾日益凸显，预算的空间正在变小，支出安全的代价是预算风险陡增。预算现在像是一头戴着镣铐跳舞的大象，随时会遭遇来自某个方面的冲击，承担解决重大问题的责任，笨拙地保持平衡，艰难地向前行进。

预算之道是什么？这个问题缘起于和孙向晨、林晖、任军锋、邓志峰、徐渊、刘勋一起逐字逐句读《中庸》。有朋自远方来，不亦乐乎？以前曾屡次读《中庸》，但均不若这次一唱三叹、切磋琢磨、有滋有味。于是萌生了六经注我、用《中庸》诠释预算的想法。开始时书名《预算中庸解》，对照朱熹《中庸章句》三十三章，每章一段预算解，不引经据典，直抒胸臆，把几十年的体会朴素真实地写出来。初稿完成后请教邓志峰兄，他说入得深，才悟得透，建议我逐句解析，梳理经典的脉络。于是重头来过，逐句解析，不妄自穿凿，知之为知之，不知为不知，理解到哪里，就写到哪里。定书名为《预算执中》，意谓预算应中道而立，择善固执，以人民为中心，促进高质量发展和防范系统性风险并举，控制与绩效并重，守原则，不远复，从容于中和之境。

日日行不怕千万里，两年来，时作时辍，终于完稿。掩卷而思，正如《浮士德》篇尾所言：

一切无常事物，
无非譬喻一场；
不如意事常八九，
而今如愿以偿；
奇幻难形笔楮，
焕然竟成文章；
永恒女性自如常，
接引我们向上。

苟燕楠

2021. 8. 28

目录

中庸章句序

中庸何为而作也？子思子忧道学之失其传而作也。盖自上古圣神继天立极，而道统之传有自来矣。其见于经，则“允执厥中”者，尧之所以授舜也；“人心惟危，道心惟微，惟精惟一，允执厥中”者，舜之所以授禹也。尧之一言，至矣，尽矣！而舜复益之以三言者，则所以明夫尧之一言，必如是而后可庶几也。

盖尝论之：心之虚灵知觉，一而已矣，而以为有人心、道心之异者，则以其或生于形气之私，或原于性命之正，而所以为知觉者不同，是以或危殆而不安，或微妙而难见耳。然人莫不有是形，故虽上智不能无人心，亦莫不有是性，故虽下愚不能无道心。二者杂于方寸之间，而不知所以治之，则危者愈危，微者愈微，而天理之公卒无以胜夫人欲之私矣。精则察夫二者之间而不杂也，一则守其本心之正而不离也。从事于斯，无少闲断，必使道心常为一身之主，而人心每听命焉，则危者安、微者着，而动静云为自无过不及之差矣。

预算之道，一言以蔽之，谓“允执厥中”。既“厥中”，一以贯之、传承有绪，又“允执”，在不同的历史时期因势利导、各各不同。预算之道就是中道，是预算的基本规律，是长治久安之道，不在一时一事之短长。预算之道微，则预算危；预算之道著，则预算安。预算包罗万象、源远流长，政治、经济、文化、传统、环境等等要素，均可能影响预算、决定预算。预算参与者对预算理解各异，或正见多，偏见少；或偏见多，正见少。微观正确可能导致宏观谬误，宏观正确不能确保微观有序。预算执中是对预算的回归，回到正确的理念、原则、程序和操作，预算过程才能发挥应有的作用。

夫尧、舜、禹，天下之大圣也。以天下相传，天下之大事也。以天下之大圣，行天下之大事，而其授受之际，丁宁告戒，不过如此。则天下之理，岂有以加于此哉？自是以来，圣圣相承：若成汤、文、武之为君，皋陶、伊、傅、周、召之为臣，既皆以此而接夫道统之传，若吾夫子，则虽不得其位，而所以继往圣、开来学，其功反有贤于尧舜者。然当是时，见而知之者，惟颜氏、曾氏之传得其宗。及曾氏之再传，而复得夫子之孙子思，则去圣远而异端起矣。子思惧夫愈久而愈失其真也，于是推本尧舜以来相传之意，质以平日所闻父师之言，更互演绎，作为此书，以诏后之学者。盖其忧之也深，故其言之也切；其虑之也远，故其说之也详。

预算源于心，成于势。心千变万化，势层出不穷，故预算无法一劳永逸，挑战不断，矛盾重重。只有安不忘危，在制度建设、机构设置、流程安排等方面想深想透、理顺做实，预算才可能稳健；只有钩深致远，在战略规划、项目选择、标准制定等方面保持定力、长远打算、系统考量，预算才可能有效。

其曰“天命率性”，则道心之谓也；其曰“择善固执”，则精一之谓也；其曰“君子时中”，则执中之谓也。

成就治理便成就预算，无法预算便无法治理。预算之道是认识，是选择，是坚守，也是在起伏的形势中遗貌取神，一次次重新认识，重新选择，长期坚守。

世之相后，千有余年，而其言之不异，如合符节。历选前圣之书，所以提挈纲维、开示蕴奥，未有若是之明且尽者也。自是而又再传以得孟氏，为能推明是书，以承先圣之统，及其没而遂失其传焉。则吾道之所寄不越乎言语文字之间，而异端之说日新月盛，以至于老佛之徒出，则弥近理而大乱真矣。然而尚幸此书之不泯，故程夫子兄弟者出，得有所考，以续夫千载不传之绪；得有所据，以斥夫二家似是之非。盖子思之功于是为大，而微程夫子，则亦莫能因其语而得其心也。惜乎！其所以为说者不传，而凡石氏之所辑录，仅出于其门人之所记，是以大义虽明，而微言未析。至其门人所自为说，则虽颇详尽而多所发明，然倍其师说而淫于老佛者，亦有之矣。

一部预算史，是预算理念和预算实践的发展史，也是预算思想和预算措施的交锋史。政治诉求和经济压力往往遮蔽了预算道路，政治理想代替了深思熟虑，权宜之计包装成变革创新。或循规蹈矩，不知变通；或疲于应付，随波逐流。各种预算思想你方唱罢我登场，反认他乡是故乡，均以真理自居，难免草草收场。形势变了，指导思想和理念就要变，而酝酿和决定这些变化的枢机，便是预算之道。

熹自蚤岁即尝受读而窃疑之，沈潜反复，盖亦有年，一旦恍然似有以得其要领者，然后乃敢会众说而折其中，既为定着章句一篇，以俟后之君子。而一二同志复取石氏书，删其繁乱，名以辑略，且记所尝论辩取舍之意，别为或问，以附其后。然后此书之旨，支分节解、脉络贯通、详略相因、巨细毕举，而凡诸说之同异得失，亦得以曲畅旁通，而各极其趣。虽于道统之传，不敢妄议，然初学之士，或有取焉，则亦庶乎行远升高之一助云尔。

淳熙己酉春三月戊申，新安朱熹序。

实践是检验预算的唯一标准。短期优势不等于长期成功，长期目标需要当前举措。是什么造就短期可行、长期可取、政治正确、经济合理的预算措施？对这个问题的解答将带我们走上预算之道。

中庸章句

中者，不偏不倚、无过不及之名。庸，平常也。

子程子曰："不偏之谓中，不易之谓庸。中者，天下之正道，庸者，天下之定理。"此篇乃孔门传授心法，子思恐其久而差也，故笔之于书，以授孟子。其书始言一理，中散为万事，末复合为一理，"放之则弥六合，卷之则退藏于密"，其味无穷，皆实学也。善读者玩索而有得焉，则终身用之，有不能尽者矣。

预算是政令的贯彻，是收支的平衡，是利益的分配。政治决定预算，政治正确是预算正确的前提；预算保障政治运转，合情合理的预算是善治的基础。汲取过度，人民不堪重负；收入不足，政府捉襟见肘，提供不了基本的公共服务，难以回应重大的现实需求和人民的呼声。唯不偏不倚、无过不及，资源才会有效配置，政府和市场才能各得其所，预算才能稳健可持续。

第一章

天命之谓性，率性之谓道，修道之谓教。命，犹令也。性，即理也。天以阴阳五行化生万物，气以成形，而理亦赋焉，犹命令也。于是人物之生，因各得其所赋之理，以为健顺五常之德，所谓性也。率，循也。道，犹路也。人物各循其性之自然，则其日用事物之间，莫不各有当行之路，是则所谓道也。修，品节之也。性道虽同，而气禀或异，故不能无过不及之差，圣人因人物之所当行者而品节之，以为法于天下，则谓之教，若礼、乐、刑、政之属是也。盖人之所以为人，道之所以为道，圣人之所以为教，原其所自，无一不本于天而备于我。学者知之，则其于学知所用力而自不能已矣。故子思于此首发明之，读者所宜深体而默识也。

预算是配置资源，收多少，如何收？支多少，如何支？决定于要建设怎样的国家，提供怎样的公共服务，也决定于预算体系和预算能力。预算之道是政府治理之道的基础和有机组成，预算遵循怎样的理念、程序、规范，才能发挥政府作用，控制财政风险？这是预算的首要问题。

道也者，不可须臾离也，可离非道也。是故君子戒慎乎其所不睹，恐惧乎其所不闻。离，去声。道者，日用事物当行之理，皆性之德而具于心，无物不有，无时不然，所以不可须臾离也。若其可离，则为外物而非道矣。是以君子之心常存敬畏，虽不见闻，亦不敢忽，所以存天理之本然，而不使离于须臾之顷也。

预算过程无穷，预算之道一贯。预算有弹性，随机应变，与世俯仰；预算有底线，规范政府行为，控制财政风险。任何公共政策和公共服务中皆有预算之道，不论是日用不知，还是处处权衡，天网恢恢，疏而不漏，顺之有效，逆之扭曲。

莫见乎隐，莫显乎微，故君子慎其独也。见，音现。隐，暗处也。微，细事也。独者，人所不知而已所独知之地也。言幽暗之中，细微之事，迹虽未形而几则已动，人虽不知而己独知之，则是天下之事无有着见明显而过于此者。是以君子既常戒惧，而于此尤加谨焉，所以遏人欲于将萌，而不使其滋长于隐微之中，以至离道之远也。

隐微处常常是关键处。全方位、全过程、全覆盖的预算管理是显性预算，是预算的已知领域，可控领域；显性预算无法直接触及的部分是隐性预算，是预算的未知领域，不确定领域。预算发展的初级阶段，隐性预算的空间和自由很大，没能力管，所以不管；预算发展的高级阶段，隐性预算的空间和自由也很大，以自由换责任，鼓励预算部门加强内控、创新创造。在什么条件下保留隐性预算，留下多大空间，用什么机制规范和引导其运转？在预算日益强调计划、绩效和风险控制的时代，在这些问题上的探索，成为预算改进的重要引擎。

喜怒哀乐之未发，谓之中；发而皆中节，谓之和。中也者，天下之大本也；和也者，天下之达道也。乐，音洛。中节之中，去声。喜、怒、哀、乐，情也。其未发，则性也，无所偏倚，故谓之中。发皆中节，情之正也，无所乖戾，故谓之和。大本者，天命之性，天下之理皆由此出，道之体也。达道者，循性之谓，天下古今之所共由，道之用也。此言性情之德，以明道不可离之意。

“中和”是预算之道。预算的规则和过程要贯彻“中”的精神，稳健公正；预算的结果和影响要体现“和”的境界，有效和谐。中和互为表里，没有稳健公正的过程，就没有有效和谐的结果。预算中对“中”的精神的贯彻，就是对“和”的境界的追求；实现“和”的境界，才能彰显“中”的意义。

致中和，天地位焉，万物育焉。致，推而极之也。位者，安其所也。育者，遂其生也。自戒惧而约之，以至于至静之中，无少偏倚，而其守不失，则极其中而天地位矣。自谨独而精之，以至于应物之处，无少差谬，而无适不然，则极其和而万物育矣。盖天地万物本吾一体，吾之心正，则天地之心亦正矣，吾之气顺，则天地之气亦顺矣。故其效验至于如此。此学问之极功、圣人之能事，初非有待于外，而修道之教亦在其中矣。是其一体一用虽有动静之殊，然必其体立而后用有以行，则其实亦非有两事也。故于此合而言之，以结上文之意。

中和是预算的目的。预算从容中道，资源各得其所，结果自然和顺致祥。中道不会自行到来，往往是在体制、机制、政策、过程等方面反复实践探索后，才能实现预算体系的完善，预算能力的提升，进而改进治理效能，迎来各项事业生生不息、全面繁荣的局面。

上第一章。子思述所传之意以立言：首明道之本原出于天而不可易，其实体备于己而不可离，次言存养省察之要，终言圣神功化之极。盖欲学者于此反求诸身而自得之，以去夫外诱之私，而充其本然之善，杨氏所谓一篇之体要是也。其下十章，盖子思引夫子之言，以终此章之义。

预算为何？预算如何？预算规律塑造预算过程，预算过程影响预算结果。如果预算过程违背规律，预算参与者放弃初心，预算就会失范。预算改革不是为了表面上推陈出新，而是使预算成为预算，风险有效控制，资源合理配置，参与者主动积极、有创造性。

预算永远在生成、变化之中。预算是复杂的，涵盖自然、社会、历史无穷无尽的信息，就像冰山浮出水面的部分，预算规则、程序能够规定的，预算文本能够说明的，只是有限的部分，没有人了解预算的全部，尚未听到、看到、想到的，没有深究的林林总总，一直或显或隐地发生作用，影响着预算的方向和结果。表面上，预算是收入、支出两要素交互作用的过程，权衡调和的结果；实质上，经济社会文化现实是预算的根源，决定着预算的基本面和发展方向。预算的目的是整个社会的资源配置和使用更有绩效，涉及的范围无穷，创新和改进的空间无限。预算中的错误和失败比比皆是，预算参与者经历了预算现实的洗礼后，往往恭敬卑谦地面对预算，承认理性的有限，梳理现实的由来，控制风险的范围，评估措施的影响，接受政治的局限。市场失灵并不意味着政府有效，短期有效不等于长期合理。变化应以绩效为准绳，如果暂时步履维艰，可能是因为本来如此，不如静待花开、从长计议；如果存在改进空间，也一定要清醒地认识到，想到不一定做到，往往需要因势利导、久久为功。预算追求的不仅是当下的结果，更是公正合理、富有活力的机制和永续的发展。

第二章

仲尼曰："君子中庸，小人反中庸。中庸者，不偏不倚、无过不及，而平常之理，乃天命所当然，精微之极致也。惟君子为能体之，小人反是。

经济形势、政治要求、国际格局、社会风潮、环境变化等对预算而言意味着什么？它们都将影响预算，化作预算。收入、债务、支出、体制能不偏不倚、无过不及吗？很难，现实利益的诱惑太大，预算之道的受益难测。随时势变化相机抉择，预算难免大起大落，只能偶尔合辙；坚守预算之道，颠沛必于是，造次必于是，才能左右逢源、行稳致远。

君子之中庸也，君子而时中；小人之中庸也，小人而无忌惮也。"王肃本作"小人之反中庸也"，程子亦以为然。今从之。君子之所以为中庸者，以其有君子之德，而又能随时以处中也。小人之所以反中庸者，以其有小人之心，而又无所忌惮也。盖中无定体，随时而在，是乃平常之理也。君子知其在我，故能戒谨不睹、恐惧不闻，而无时不中。小人不知有此，则肆欲妄行，而无所忌惮矣。

预算时中，源于对预算之道的正确认识，这认识来自理性的分析和对历史经验的深思；源于对预算之道的坚守、对基本原则的敬畏，以及持续不断地分析、判断、调整。预算无所不在、无时不有，不确定性是预算的本质特征，惟慎终如始，方可能中道而立。自以为认识预算之道，操纵预算，轻易地放弃原则、违背程序、调整标准、突破范围，往往带来灾难性后果；持之以恒地坚守预算之道难，离经叛道的虚假收益往往使预算者忽视了巨大的风险。

上第二章。此下十章，皆论中庸以释首章之义。文虽不属，而意实相承也。变和言庸者，游氏曰：“以性情言之，则曰中和，以德行言之，则曰中庸是也。”然中庸之中，实兼中和之义。

预算决定于政府、市场和个人，任何一方都能够影响预算收支，预算安排既要贯彻政府的施政纲领，也要充分考虑市场机制和个人反应。预算决定于经济、政治、科技、事业发展等方面的交互作用，任何一方的变化均可能影响预算的方向和内容。预算要理解变化、调和变化、促进变化，预算的相对稳定来自对变化的顺应，在变化中充分调动一切积极因素，提升资源配置和使用绩效。预算的正确来自正确的方向，始终服务于人民群众现实和长远的需要，来自实事求是，统筹兼顾，尊重客观规律，调和各方利益诉求；预算的错误始于错误的方向，背离人民群众现实和长远的需要，源于违背基本常识和客观规律，以偏概全，固步自封，或超越财政能力发展事业，或为平衡收支放弃发展机遇等。

第三章

子曰："中庸其至矣乎！民鲜能久矣！"鲜，上声。下同。过则失中，不及则未至，故惟中庸之德为至。然亦人所同得，初无难事，但世教衰，民不兴行，故鲜能之，今已久矣。论语无能字。

预算之道知难、行更难。现实中只是凤毛麟角、惊鸿一瞥。大多数人或过、或不及，集权体制下，一人之昏昏，掀起惊天的波澜；分权体制下，一人之昭昭，难敌众人之昏昏。大多数情况下或过、或不及，一时的正确往往难以坚守，或一意孤行，或随波逐流。人们很少超越切身利益，也很难从历史中汲取教训，匆匆忙忙从一次错误转向另一次错误，人才难得其所，资源未能充分发挥潜能，似乎每个人都在怨天尤人，自己却无法走在正确的方向和道路上。

上第三章。

预算知易行难，理念不断推陈出新，却不断在基本问题上出错。预算法定，理应无预算，不支出，执行中却软约束，频繁追加调整，决算面目全非，现实需要挤出了系统安排。预算全面，理应所有财政性资金根据现实需要、轻重缓急统筹安排，现实中部门利益导致条块分割，几本账各行其是，挤占财政空间，降低了分配绩效。预算统一，理应整合规划和预算，用永续长期的配置绩效引领年度预算安排，现实中计划、预算两张皮，计划缺少起码的预算基础，不现实；预算缺乏必要的计划和绩效信息，没方向。加之资本性预算单独切块管理，与经常性预算没有必要的统筹机制，建设不管运行，新增不顾存量，过度投入和保障不足长期并存。预算透明，理应以可理解的方式向人民群众公开预算信息，现实中预算信息公开有限，没有充分细化，缺少必要说明，预算信息公开没有成为政府与人民群众互动的重要渠道，也没有对政府治理形成必要的压力。预算平衡，理应有效控制财政风险，现实中部分地方政府在经济扩张期未能谨慎地控制支出，已背负了沉重的债务负担，财政风险的防控机制尚未建立，政府运行处于难以为继的虚假繁荣之中。上述问题是预算的基本常识，想明白、解决好、坚持住，预算就能为面向绩效的新发展创造条件，频繁出现偏差，预算难免开倒车，不断跌倒在类似的地方。

第四章

子曰："道之不行也，我知之矣，知者过之，愚者不及也；道之不明也，我知之矣，贤者过之，不肖者不及也。知者之知，去声。道者，天理之当然，中而已矣。知愚贤不肖之过不及，则生禀之异而失其中也。知者知之过，既以道为不足行；愚者不及知，又不知所以行，此道之所以常不行也。贤者行之过，既以道为不足知；不肖者不及行，又不求所以知，此道之所以常不明也。

预算容易错位，财政操心事业发展，部门紧盯钱袋子。财政管预算，目标怎么定？预算怎么编？程序怎么走？资金怎么分？评审怎么组织？都是财政说了算。财政不了解业务，惟恐失控，政策频出，吃力不讨好，忙于指导部门该干什么，不该干什么；部门不能没有钱，逆来顺受，忙忙碌碌，不知所从，对预算在管理中的作用漠不关心。预算就这样偏离预算之道，财政不专注于预算平衡、风险控制、资金管理；部门在预算编制、绩效管理、成本控制上得过且过。要回归预算之道，就要把预算涉及的发展战略、决策机制、体制安排、职能定位、支出标准、信息基础、收入筹措、资源配置等方面关系理顺、基础打扎实，"无惛惛之事者，无赫赫之功"。

人莫不饮食也，鲜能知味也。”道不可离，人自不察，是以有过不及之弊。

人人都想花钱，人人都在要钱。预算部门往往视预算为要钱的机会，尽量多要，多给最好，花个痛快；少给也行，花掉即可。用钱成为目的，结果付之阙如。财政部门往往视预算为收支平衡，只在此山中，云深不知处。去年多少，今年照旧；领导重视，排除万难；日子好过，皆大欢喜；收入下滑，全面削减；高歌猛进，债务累累。预算之道的缺失，必然导致随波逐流、无原则、无灵魂的预算。人民群众或不关心预算，肉食者谋之，又何间焉？孰不知所有政府收入都来自人民群众，取之于民，理应问计于民、用之于民。或只关注自己的一亩三分地，局部诉求凌驾于整体利益之上。预算的使命是配置资源、创造价值。预算编制和决策环节，重点是发现价值；预算执行和审计阶段，重点是实现价值和评估价值。预算不应是个人利益的追逐，预算是动力机制，是国家对人民福祉的主动作为，是国家对个体努力的支持、补充和促进。

上第四章。

预算无定式。现实问题激发预算创新，新模式应对现实问题，变化的问题挑战主流模式……分项预算、项目预算、绩效预算、计划项目预算、目标管理预算、基于绩效的预算等等，没有一个预算模式能一劳永逸地解决所有预算问题，它们相继兴起，然后隐没在预算现实的洪流之中。要从容在预算之道上，既要想明白，还要做到位，更要与时俱进。现实常常是没想明白就做，只顾自己做，不计后果做，变本加厉做，名实不符做，形式功夫多，实质改变少，认认真真陷入囚徒困境。出路可能在于回到根本的预算及相关体制机制建设上，优化治理体制，理顺利益机制，实现全面动员，激发各方的积极性和创造性。

第五章

子曰："道其不行矣夫！"夫，音扶。由不明，故不行。

预算理想往往在预算实践中碰壁，但预算理想构划了预算的方向和可能，有预算理想才可能有理想的预算。

上第五章。此章承上章而举其不行之端，以起下章之意。

预算理念层出不穷，但若无法落地生根、开花结果，规范收支行为，提升资源配置和使用绩效，皆是枉然。某个预算模式能解决一时的问题，却往往时过境迁走向反面。分项预算强化了控制，走向反面成为桎梏；项目预算凸显了效率，走向反面远离效果；计划项目预算强调了计划，走向反面超越管理能力无法落实；绩效预算瞄准效果，走向反面难以度量和应用。“明者因时而变，知者因事而制”，预算必须主动而为，顺应变化或引领变化。

第六章

子曰："舜其大知也与！舜好问而好察迩言，隐恶而扬善，执其两端，用其中于民，其斯以为舜乎！"知，去声。与，平声。好，去声。舜之所以为大知者，以其不自用而取诸人也。迩言者，浅近之言，犹必察焉，其无遗善可知。然于其言之未善者则隐而不宣，其善者则播而不匿，其广大光明又如此，则人孰不乐告以善哉。两端，谓众论不同之极致。盖凡物皆有两端，如小大厚薄之类，于善之中又执其两端，而量度以取中，然后用之，则其择之审而行之至矣。然非在我之权度精切不差，何以与此。此知之所以无过不及，而道之所以行也。

预算的第一步是建立备选项目库，认真编制预算，通过必要的评审程序选择值得支持的项目，明确绩效目标和考核指标，制订实施计划，建立管理机制；预算的第二步是在财力允许的范围内，选定那些符合战略发展规划、方案切实可行的项目付诸实施。凡事预则立，不预则废，周密完整的方案是有效实施的前提，要精益求精、落细落深，也要为可能的风险和不确定性留有余地。

上第六章。

预算要巧妙地设计、实事求是地测算、规范地管理、创造性地执行，才可能有绩效。预算项目建议或真或伪，入库评审从中甄别出那些值得解决的问题，预算安排则是在财力约束下尽可能少花钱，多办事。真正重要的问题往往就在人民的呼声里，问题的解决之道也一样，以人民为中心，从群众中来，到群众中去，才可能去粗取精，去伪存真，由此及彼，由表及里，预算才有扎实的基础。

第七章

子曰："人皆曰予知，驱而纳诸罟擭陷阱之中，而莫之知辟也。人皆曰予知，择乎中庸而不能期月守也。"予知之知，去声。罟，音古。擭，胡化反。阱，才性反。辟，避同。期，居之反。罟，网也；擭，机槛也；陷阱，坑坎也；皆所以掩取禽兽者也。择乎中庸，辨别众理，以求所谓中庸，即上章好问用中之事也。期月，匝一月也。言知祸而不知辟，以况能择而不能守，皆不得为知也。

预算收支有不确定性。经济、政治、军事、国际形势的急剧变化将预算带离常轨。乐观的经济形势往往导致更加乐观的预算安排，特别是刚性支出的大幅增加，一旦经济形势逆转，收入下降，支出持续走高，预算就很难实现平衡。远离预算陷阱，在经济过热时保持冷静，在经济滑坡时积极有为，需要遵守一些基本的预算原则，但谈论原则易，坚守原则难。回避问题导致进一步回避问题，妥协引发更大的妥协。悲剧在历史上一次次重演，那些不言自明的原则在经济、政治等方面的冲击下被抛在一边，待吃足苦头后才重新被发现和应用。

上第七章。承上章大知而言，又举不明之端，以起下章也。

预算中处处是歧路迷津。宏观上放松控制刺激经济，会导致巨额赤字；微观上放松控制提升绩效，易造成行为异化；编制上自上而下计划引领，常常超越预算能力而流于形式；执行中加强管理提高效率，又往往忽视了实际效果；政策上确保投入专款专用，会挤占财政空间、降低灵活度；鼓励创新广开财源，难免挤压市场、积累财政风险。责任与权利、激励与限制、当前和长远、规范和自由，是机遇，也可能是陷阱，没有进取就没有发展，没有审慎就没有安全。在经济形势好的时候，预算往往主动作为，制定宏伟蓝图，匆匆忙忙承诺，增量预算解决了大部分暂时的矛盾冲突，预算规则的要求轻松实现，深层问题掩盖在繁荣之下；一旦经济停滞不前，预算不断增加的幻象破灭，事业不断扩张的趋势受挫，没有后续投入，大量的前期投入成为沉没成本，建成的资产加速折旧，权利性承诺难以兑现，积蓄多年的深层矛盾集中爆发，预算规则在现实需要面前迅速蜕化为软约束，限制性指标不断被突破，头痛医头脚痛医脚的结果必然是顾此失彼，问题在表面上缓解或被推向未来，代价是沉重的隐性负债和未来成本，归根结底要由人民来承担。为什么会如此？从没有认识到该如何做吗？历史以不断变换的方式重复类似的问题，给出大致相同的结论和教训，也不过就是一些朴素的规则和常识，而这恰恰是预算治理中最值得宝贵的东西。问题是知易行难，好了伤疤忘了疼：如果预算参与者不共同坚守基本的规则和常识，预算的悲喜剧还会再演，公共资源的配置和使用仍将低效。

第八章

子曰："回之为人也，择乎中庸，得一善，则拳拳服膺而弗失之矣。"回，孔子弟子颜渊名。拳拳，奉持之貌。服，犹着也。膺，胸也。奉持而着之心胸之间，言能守也。颜子盖真知之，故能择能守如此，此行之所以无过不及，而道之所以明也。

全面预算、收支平衡是预算的基本逻辑。相机抉择时暂时的偏离也是为了在中长期更好地回到这个逻辑，预算参与者时时刻刻坚守这个逻辑，千方百计回到这个逻辑，才可能更好地抵御干扰，做出理性选择。

上第八章。

全面、平衡是预算的基本定位。基本定位不能动摇。预算不全面，治理不完整；收支不平衡，施政不可持续。时代不同，预算使命不同，但不论控制风险还是提升绩效，抑或落实规划，都必须站在基本定位上，力求全面预算、收支平衡。

第九章

子曰："天下国家可均也，爵禄可辞也，白刃可蹈也，中庸不可能也。"均，平治也。三者亦知仁勇之事，天下之至难也，然不必其合于中庸，则质之近似者皆能以力为之。若中庸，则虽不必皆如三者之难，然非义精仁熟，而无一毫人欲之私者，不能及也。三者难而易，中庸易而难，此民之所以鲜能也。

预算平衡种种利益诉求。执其一端，可能损及其余；面面俱到，难免失去重点。片面强调某些理念和原则，可能会解决一些问题，赢得一时认可，时间长了，却往往顾此失彼，流于形式。形势变化，事业变化，预算就得变化。时过境迁，预算随时迎接和应对变化，用钱的人来来去去，预算却要永远继续。所以，在年复一年、日复一日的预算里没有永恒，眼前的成就会成为身后的问题，坚守绝对的理念和原则不一定正确，要保持一定的灵活性，甚至必要的模糊性，为未来的改变留出腾挪空间。

上第九章。亦承上章以起下章。

预算的理想是公正合理：项目确有所需，资源有效配置，参与者心平气和，一切都自然而然。豪言壮语和片面极致的追求往往能暂时眩人耳目，却无法在长期实现绩效。巧妙的预算手段能暂时赢得过量的资金，却无法收获应有的绩效，长期会损害预算部门的信誉和预算获取能力；恩威并施能暂时平衡面广量大的预算需求，但若没有聚焦真正亟需解决的问题，硬缺口迟早需要代价更大的补偿；预算改革可以先声夺人，但若没有综合配套改革的协同推进，难免步履蹒跚。预算之道不是搞运动，不是走过场，不是得过且过，而是实事求是，本枝百世。对固有局限安之若素，因为身欲奋飞病在床，现有条件下只能如此；对宏图大志保持距离，因为不切实际，过犹不及；扎实推动基础改进意义重大，因为即凡而圣，那是实现预算理想的一部分。

第十章

子路问强。子路，孔子弟子仲由也。子路好勇，故问强。

干事创业的领导者往往期望积极的预算。但若不善预算，宏图大志难实现。应付一时的大收大支不难，难在兑现长期的预算承诺。

子曰："南方之强与？北方之强与？抑而强与？与，平声。抑，语辞。而，汝也。

地域、时代、文化、传统不同，预算诉求、模式、措施各异。没有最好的预算，只有最适合的预算。在预算之路上，要因地制宜，切忌水土不服。

宽柔以教，不报无道，南方之强也，君子居之。宽柔以教，谓含容巽顺以诲人之不及也。不报无道，谓横逆之来，直受之而不报也。南方风气柔弱，故以含忍之力胜人为强，君子之道也。

稳定的时代造就温和的预算。承平年代倾向于在既有范式内求优化，通过接受现实、边际调整来缓和预算矛盾。或利益均沾，将预算矛盾控制在可接受的范围内；或拉长板凳，留待时间化解预算矛盾。

衽金革，死而不厌，北方之强也，而强者居之。衽，席也。金，戈兵之属。革，甲胄之属。北方风气刚劲，故以果敢之力胜人为强，强者之事也。

大时代造就大预算。变革年代的预算倾向于解决重大问题，或推动预算规模或结构上的重大调整，或实施预算分配体制和分配模式上的深刻变革。预算领域的重大改革往往呼应时代变革的需要。

故君子和而不流，强哉矫！中立而不倚，强哉矫！国有道，不变塞焉，强哉矫！国无道，至死不变，强哉矫！”此四者，汝之所当强也。矫，强貌。诗曰“矫矫虎臣”是也。倚，偏着也。塞，未达也。国有道，不变未达之所守；国无道，不变平生之所守也。此则所谓中庸之不可能者，非有以自胜其人欲之私，不能择而守也。君子之强，孰大于是。夫子以是告子路者，所以抑其血气之刚，而进之以德义之勇也。

预算之道稳健有为。稳健不等于一潭死水，而是总量平衡、结构合理的框架下，政策和项目因势利导、生生不息。有为不等于躁动不安，而是在目标明确、战略可行的前提下，实现预算平衡和可持续发展。预算之道的出发点不仅是预算的平衡稳健，也不仅是发展的风生水起，而是不惧风雨，不避艰险，统筹兼顾，稳健有为的预算系统和生态。

上第十章。

预算的目的不同，表现各异。有为预算的预算，政府按惯性正常运行，尊重基数，限制冲突，满足人民的基本需要，各项事业在现行轨道上平稳推进；有贯彻领导者意志的预算，重估一切价值，设计宏伟蓝图，聚焦大战略、大项目，做出资源配置上影响深远的调整，不在成本收益问题上纠缠，困境中勇往直前；有以人民为中心的预算，顺从民意而不媚俗，有所为，有所不为，从实际出发统筹资源，实现对人民的承诺。对预算之道而言，何者正义？结论不言自明。要建立以人民为中心的预算，就要以人民的意志为指归，造次必于是，颠沛必于是，树立忧患意识和自强意识，控制和绩效并重。

第十一章

子曰："素隐行怪，后世有述焉，吾弗为之矣。素，按汉书当作索，盖字之误也。索隐行怪，言深求隐僻之理，而过为诡异之行也。然以其足以欺世而盗名，故后世或有称述之者。此知之过而不择乎善，行之过而不用其中，不当强而强者也，圣人岂为之哉！

预算不能徒具其表，为改革而改革。新奇的做法，过激的措施，可能暂时赢得支持，长期往往没有好效果。

君子遵道而行，半涂而废，吾弗能已矣。遵道而行，则能择乎善矣；半涂而废，则力之不足也。此其知虽足以及之，而行有不逮，当强而不强者也。已，止也。圣人于此，非勉焉而不敢废，盖至诚无息，自有所不能止也。

预算理想无法一蹴而就，需要时间。政治变化会导致预算变化，经济冲击和国际环境等变化也会影响预算，预算往往无法完全按计划实施，现实需要常常压倒精心设计。绩效预算、零基预算等改革来来去去，没有哪个能一劳永逸地解决所有预算问题，但也正是在经历了诸多预算烦恼之后，预算能力提高了。

君子依乎中庸，遯世不见知而不悔，唯圣者能之。不为索隐行怪，则依乎中庸而已。不能半涂而废，是以遯世不见知而不悔也。此中庸之成德，知之尽、仁之至、不赖勇而裕如者，正吾夫子之事，而犹不自居也。故曰唯圣者能之而已。

预算的目的是控制财政风险、规范有效地配置和使用资金，夯实政府治理体系和治理能力的基础。时代风气日新月异，各方面挑战变化不定，预算基础巩固，政府才能稳健有为。至于潮涨潮落的政府改革能否以预算之名推行，似乎并不重要，重要的是预算参与者能否因势利导、和而不同，使预算功能始终得到较为充分的发挥。

上第十一章。子思所引夫子之言，以明首章之义者止此。盖此篇大旨，以知仁勇三达德为入道之门。故于篇首，即以大舜、颜渊、子路之事明之。舜，知也；颜渊，仁也；子路，勇也：三者废其一，则无以造道而成德矣。余见第二十章。

预算之道基于常识。预算是预算部门认识自身、表达自身、成就自身的重要手段和基础。因循守旧者忽视常识，急功近利者罔顾常识。防止预算步入歧途最切近的方法就是尊重常识，始终尊重并践行人民群众的意愿、事业发展的规律，在体制、机制、程序、标准等方面始终尊重并践行全面、平衡等基本的预算准则。

第十二章

君子之道费而隐。费，符味反。费，用之广也。隐，体之微也。

预算之道广大精微。预算既要在大处纲举目张，又要在细节锱铢必较。预算为政府治国理政统筹收支，预算报告里的预算仅是冰山一角，理解预算，首先理解政府；改革预算，务必改革政府；监督预算，就是监督政府。

夫妇之愚，可以与知焉，及其至也，虽圣人亦有所不知焉；夫妇之不肖，可以能行焉，及其至也，虽圣人亦有所不能焉。天地之大也，人犹有所憾。故君子语大，天下莫能载焉；语小，天下莫能破焉。与，去声。君子之道，近自夫妇居室之间，远而至于圣人天地之所不能尽，其大无外，其小无内，可谓费矣。然其理之所以然，则隐而莫之见也。盖可知可能者，道中之一事，及其至而圣人不知不能。则举全体而言，圣人固有所不能尽也。侯氏曰："圣人所不知，如孔子问礼问官之类；所不能，如孔子不得位、尧舜病博施之类。"愚谓人所憾于天地，如覆载生成之偏，及寒暑灾祥之不得其正者。

预算报告人人能读，表面都懂，但为什么如此安排收支、举借债务？财政部门一套想法，预算部门各有各的想法，政府决策层的观点则可能与他们都不同，无人能窥全豹。基本的预算执行就是按规定、按计划收税、花钱，但如何有效征税，如何把钱用出绩效，却是答案永远在变化的命题。预算源远流长，对预算的理解和运用还有广袤的空间要探索：中期预算规划、财政规模、债务规模、财政体制等宏观问题众说纷纭；支出定额标准、绩效目标制定和衡量等微观问题的探索才刚刚开始。

诗云："鸢飞戾天，鱼跃于渊。"言其上下察也。鸢，余专反。诗大雅旱麓之篇。鸢，鸱类。戾，至也。察，着也。子思引此诗以明化育流行，上下昭著，莫非此理之用，所谓费也。然其所以然者，则非见闻所及，所谓隐也。故程子曰："此一节，子思吃紧为人处，活泼泼地，读者其致思焉。"

预算缘事而起，顺势而为，因时而变。须保障的，必须保障到位，保障到位才有绩效；该削减的，坚决削减到位，不削减不足以有绩效；应规范的，必须严肃规范，不规范就混乱；得放开的，务必放开，放开才有活力。预算表面上变化万千，看到深处实处，万象森然，和而不同。

君子之道，造端乎夫妇；及其至也，察乎天地。结上文。

预算的增减有无很具体，似乎没什么大道理，但合抱之木，生于毫末，小收支背后往往有大道理，若不能对收支的变化趋势见微知著，难免失之毫厘，谬以千里，或尾大不掉，或有始无终，或收支失衡。

上第十二章。子思之言，盖以申明首章道不可离之意也。其下八章，杂引孔子之言以明之。

预算是讲道理。预算申请部门要讲清楚用钱的道理，预算决策部门要讲清楚分钱的道理，执行过程中的调整也要讲清楚道理。预算的道理必须彻上彻下，要简明扼要地向人民群众解释清楚，要深入细致地向专家解释清楚，也要提纲挈领地向决策者解释清楚。预算解释“可浅可深，可浮可沉，可曲可直，可言可默”。如何才算解释清楚？“如今休去便休去，若觅了时无了时。”似乎也只能点到为止。因为预算是一个面向未来的资金使用计划，打算干什么、用多少钱、取得什么效果，只是一个理论上可证伪的假设和说明，尚未发生，要在预算过程中逐步落实并得到检验。各类或隐或显的影响因素给预算带来不确定性，只有在变化中努力理解和运用各种事物发展的规律，不断深化对基本事实的了解和认识，同时健全预算编制、决策、执行和评价机制，预算参与者才可能实现期望的预算合理性。

第十三章

子曰："道不远人。人之为道而远人，不可以为道。道者，率性而已，固众人之所能知能行者也，故常不远于人。若为道者，厌其卑近以为不足为，而反务为高远难行之事，则非所以为道矣。

预算是人的预算，预算的有效性取决于人民群众的评判。一切悖离人民群众现实和长远需要的预算需求、预算安排都是反预算的。不论是自上而下的预算，还是自下而上的预算，归根结底需要从群众中来，到群众中去。预算目标的公正性和可行性在一定程度上决定了预算的有效性，绩效目标和考核指标的提出和设定是预算绩效管理的关键。了解现实需要、管理基础、技术水平、外部条件等是预算的基础，预算是过去、现在和未来的交汇点。

诗云：'伐柯伐柯，其则不远。'执柯以伐柯，睨而视之，犹以为远。故君子以人治人，改而止。睨，研计反。诗豳风伐柯之篇。柯，斧柄。则，法也。睨，邪视也。言人执柯伐木以为柯者，彼柯长短之法，在此柯耳。然犹有彼此之别，故伐者视之犹以为远也。若以人治人，则所以为人之道，各在当人之身，初无彼此之别。故君子之治人也，即以其人之道，还治其人之身。其人能改，即止不治。盖责之以其所能知能行，非欲其远人以为道也。张子所谓"以众人望人则易从"是也。

预算并非横空出世，新考虑可以参考旧安排。但形势在变化，事业在发展，旧安排不一定适应新形势，要从人民群众的新需求出发想办法、找出路。没有一劳永逸的预算，只有始终变化的现实，各方可接受的预算方案一直在变化，原因要么是受益人变了，要么是收支形势变了。

忠恕违道不远，施诸己而不愿，亦勿施于人。尽己之心为忠，推己及人为恕。违，去也，如春秋传“齐师违谷七里”之违。言自此至彼，相去不远，非背而去之之谓也。道，即其不远人者是也。施诸己而不愿亦勿施于人，忠恕之事也。以己之心度人之心，未尝不同，则道之不远于人者可见。故己之所不欲，则勿以施之于人，亦不远人以为道之事。张子所谓“以爱己之心爱人则尽仁”是也。

预算是所有人的预算。一个好预算要体现社会正义，兼顾和平衡各方利益。心安理得才能心照不宣，在预算过程中以某方利益为代价迎合另一方，会导致激烈的冲突和不稳定。

君子之道四，丘未能一焉：所求乎子，以事父未能也；所求乎臣，以事君未能也；所求乎弟，以事兄未能也；所求乎朋友，先施之未能也。庸德之行，庸言之谨，有所不足，不敢不勉，有余不敢尽；言顾行，行顾言，君子胡不慥慥尔！”子、臣、弟、友，四字绝句。求，犹责也。道不远人，凡己之所以责人者，皆道之所当然也，故反之以自责而自修焉。庸，平常也。行者，践其实。谨者，择其可。德不足而勉，则行益力；言有余而讱，则谨益至。谨之至则言顾行矣；行之力则行顾言矣。慥慥，笃实貌。言君子之言行如此，岂不慥慥乎，赞美之也。凡此皆不远人以为道之事。张子所谓“以责人之心责己则尽道”是也。

预算一体化不易。预算的编制和执行并非一个主体，预算需求和预算批复相差很大，资金拨付、政府采购周期和预算不符，收支标准与实际需要悖离，预算管理与资产管理脱节，凡此种种，导致预算支离破碎、绩效不高。扭转这个局面，宏观层面要转变政府职能，落实预算主体责任，理顺权责关系；微观层面要全面梳理和优化业务流程，要实事求是，也要精益求精，夯实预算管理基础，养成预算文化。

上第十三章。道不远人者，夫妇所能，丘未能一者，圣人所不能，皆费也。而其所以然者，则至隐存焉。下章放此。

预算是人的预算。人是预算的目的，也是预算中最重要、最活跃的因素。预算由人编制、决策和执行，并以对人的价值来衡量优劣，在预算中不能只见钱，不见人。充分尊重和考虑人的因素，理顺人与人之间的利益关系，调动人的积极性和创造性，预算就可能更有效。既要充分认识和激发人的可能性，制订有挑战性的目标，尽可能用有限资金实现最大的绩效，也要充分理解和考虑到人的局限性，在预算执行过程中动态监控绩效目标的落实情况，及时调整相关措施，减少不必要的风险。当然，制度安排还要给创新和变化留出空间，要宽容，允许必要的调整反复、奇思妙想和可能的失败，预算绩效的跃迁可能就在这里孕育。

第十四章

君子素其位而行，不愿乎其外。素，犹见在也。言君子但因见在所居之位而为其所当为，无慕乎其外之心也。

预算能解决一些问题，不能解决所有问题。预算编制收集与整合预算需求，预算决策过程决定资源配置，经济形势、社会现实、政府管理水平影响收支结果。预算是个模糊的概念，往往承载了超越自身的期望，所谓的预算成败可能另有原因，局限在预算之中找答案是徒劳。

素富贵，行乎富贵；素贫贱，行乎贫贱；素夷狄，行乎夷狄；素患难，行乎患难；君子无入而不自得焉。难，去声。此言素其位而行也。

经济形势好时裹足不前，会丧失发展机遇；时机不成熟时盲目发展，会背负沉重负担。高水平发展地区有预算之道，欠发达地区也有预算之道。富穷顺逆皆是一境，行于所当行，则和顺致祥；反其道而行之，则贻害无穷。顺境难免出昏招，经济快速增长时往往忘记财政风险，大兴土木，漫天许诺，可以博一时眼球，逞一己痛快，留下的却是长久的困难和危机；逆境也能有成效，财政困难时坚守底线和原则，调整结构，固本节用，承受转型压力，经历改革阵痛，赢得的是长久的稳定和绩效。预算因境而变，没有也不应该有一成不变的预算模式。

在上位不陵下，在下位不援上，正己而不求于人则无怨。上不怨天，下不尤人。援，平声。此言不愿乎其外也。

预算有理念、规则、体制、标准，相当一部分预算互动的目的是要挣脱这理念、规则、体制、标准的束缚。局部利益改进的代价可能是整体利益更大的损失，也可能是资源配置效率的提升。预算理念、规则、体制、标准往往成为预算互动的起点。起点至关重要，在很大程度上决定了互动过程中的交易成本和大致方向。预算报告上的数字只是预算过程的结果，预算在根本上决定于预算理念、规则、体制、标准在现实中的运用。

故君子居易以俟命，小人行险以徼幸。易，去声。易，平地也。居易，素位而行也。俟命，不愿乎外也。徼，求也。幸，谓所不当得而得者。

预算要长治久安，就要调和事业规划与预算能力。无原则地在复杂现象中浮沉，或不顾现实高歌猛进，或执着过去裹足不前，均会造成预算危机。

子曰："射有似乎君子；失诸正鹄，反求诸其身。"正，音征。鹄，工毒反。画布曰正，栖皮曰鹄，皆侯之中，射之的也。子思引此孔子之言，以结上文之意。

预算失误，或资源错配，或控制失灵，或风险集聚，有各种各样的原因，但追本溯源，无不是对预算基本理念和原则的放弃或错误运用。深思预算基本理念和原则，在根源上正本纠偏，是避免或应对预算危机的枢机所在。

上第十四章。子思之言也。凡章首无“子曰”字者放此。

预算要因地制宜。没有最好的预算，只有符合需要的预算。财力充沛时，预算要主动发现并满足人民的需要，调整税收负担，优化支出结构，追求伟大梦想；财力困难时，预算要挖掘收入潜力，严控权利性支出，压缩运行成本，应对严峻现实；管理条件具备时，预算是牵一发动全身的枢机，可以改进分配和激励机制，推动综合绩效提升；管理条件不成熟时，预算是规范基础的工具，可以通过规范编制、严肃执行，健全内控机制，防范财政风险。每个时期都有属于自己的预算主题，抓得准，便可以四两拨千斤，干得有声有色。此山望着那山高，不顾实际追赶潮流，试图通过舶来的改革彻底改变命运，往往淮橘为枳、事倍功半。零基预算、目标预算、绩效预算等都是某阶段为解决实际问题的选择，即使同是绩效预算，不同国家和地区、不同时期也有不同的绩效信息运用方式，当行则行，当止则止。实践是检验真理的唯一标准，如果某项预算改革措施没有明显的效果，原因只能从当下的预算实践中挖掘，正如一直以来预算绩效管理中的评价困境，如果不从预算周期上大处着眼，解决编制阶段的目标和指标设定问题，便不可能得到根本改观。

第十五章

君子之道，辟如行远必自迩，辟如登高必自卑。辟、譬同。

预算目标无法一蹴而就。预算绩效管理的基础是规范的预算流程，合理的支出标准，扎扎实实的执行机制；中期预算的基础是科学的形势分析，超前的事业规划，高超的收支预测；政府购买服务预算的基础是发展良好的市场，高水准的合同管理能力。改革理念振奋人心，落地的过程中不仅要开拓新思路，培育新能力，还要妥善解决好形形色色的历史问题。当然，深刻的变化需要时间，持之以恒也很重要，缺乏耐心和定力，随着潮流时作时辍，终将一事无成。

诗曰："妻子好合，如鼓瑟琴；兄弟既翕，和乐且耽；宜尔室家；乐尔妻帑。"好，去声。耽，诗作湛，亦音耽。乐，音洛。诗小雅常棣之篇。鼓瑟琴，和也。翕，亦合也。耽，亦乐也。帑，子孙也。

预算要"和"。首先是和而不同，预算配置的逻辑可以不同（往往不同），但不同的利益诉求在预算过程中得到或多或少的实现，并且彼此间建立了某种均衡。其次是"合"，预算过程的结果不应是持续的冲突和分裂，而是对基本理念和价值的认同。对社会而言，预算是合作的过程，是改进的机制，社会资源通过政府预算实现了更有利于社会自身的配置。

子曰："父母其顺矣乎！"夫子诵此诗而赞之曰：人能和于妻子，宜于兄弟如此，则父母其安乐之矣。子思引诗及此语，以明行远自迩、登高自卑之意。

预算要"顺"。首先，要为各种利益诉求的表达探索顺畅的途径；其次，要为各种利益诉求的平衡找到广泛接受的方法。预算的核心价值是人民群众的共同利益，这是评判各种预算途径和方法合理性与必要性的基本准绳。

上第十五章。

预算是长期协作。预算是政府内、外部的协作，各部门通过预算过程中的反复磋商，深化各自的使命，明确彼此的界限，完成资源的配置，进而围绕政府目标和任务建立协作机制。由于政府工作复杂综合，预算和工作计划分配往往难以完全厘清政府、部门之间的关系，要靠工作推进中逐步磨合建构，是否有切实有效的协同机制、长期形成的合作传统，以及追求卓越的公共精神，在很大程度上决定了预算运行的效果和绩效的高低。毋庸置疑，预算并非政府内部的自娱自乐，政府与企业、社会组织、人民之间的互动至关重要，公共提供中引入竞争可以创造新机遇，实现多样化，并可能提升绩效，人民的积极参与也能够丰富预算的内容，大大提高预算的精准度、透明度和有效性。当然，这些努力可能给政府带来更多不确定性和风险，更高的协商成本，要求更强的预算能力，但这些挑战恰恰是政府治理体系和治理能力现代化中必不可少的催化剂，反复的挑战—应战造就政府，增进企业、社会组织、人民对政府的理解，健全它们之间的协作机制，进而改进治理生态和治理绩效。

第十六章

子曰："鬼神之为德，其盛矣乎！程子曰："鬼神，天地之功用，而造化之迹也。"张子曰："鬼神者，二气之良能也。"愚谓以二气言，则鬼者阴之灵也，神者阳之灵也。以一气言，则至而伸者为神，反而归者为鬼，其实一物而已。为德，犹言性情功效。

预算对经济社会发展、人民生活水平的影响巨大。预算规模影响政府和市场关系，影响经济的效率和活力；预算结构影响公共投入的轻重缓急，影响国家建设、公共服务和社会福利水平；预算机制是公共事务重要的激励约束机制，影响公务人员的精神状态和行为。

视之而弗见，听之而弗闻，体物而不可遗。鬼神无形与声，然物之终始，莫非阴阳合散之所为，是其为物之体，而物所不能遗也。其言体物，犹易所谓干事。

预算无所不在。治国理政是预算，行政服务是预算，企业经营是预算，人民群众日常的衣食住行也是预算，预算随着公共行为及其影响无所不在。

使天下之人齐明盛服，以承祭祀。洋洋乎！如在其上，如在其左右。齐，侧皆反。齐之为言齐也，所以齐不齐而致其齐也。明，犹洁也。洋洋，流动充满之意。能使人畏敬奉承，而发见昭著如此，乃其体物而不可遗之验也。孔子曰：“其气发扬于上，为昭明焄蒿凄怆。此百物之精也，神之着也”，正谓此尔。

预算要严肃对待。当下执行的预算是责任，要规范高效地贯彻落实；拟申请的预算是计划，要量力而行，又要尽力而为。已确定的预算执行有不确定的内外部影响，不确定的预算申请有相对确定的预算基数，预算表面上循规蹈矩，但不确定的影响时隐时现，无处不在。

诗曰：‘神之格思，不可度思！矧可射思！’度，待洛反。射，音亦，诗作斁。诗大雅抑之篇。格，来也。矧，况也。射，厌也，言厌怠而不敬也。思，语辞。

预算中的不确定性，决定了预算必须稳健恭敬。既然经济形势、国际国内环境、公共事务等方面时时存在不确定性，预算就必须建立必要的危机应对机制。世界越“乱”，预算越“难”，公共领域内外的不确定性越大，预算调整的空间就越大，而预算调整的空间越大，预算控制的难度就越大。预算能力必须回应不确定性和风险的挑战。

夫微之显，诚之不可揜如此夫。”夫，音扶。诚者，真实无妄之谓。阴阳合散，无非实者。故其发见之不可揜如此。

对于政府资金的配置和使用而言，预算要认清现实，找到方法，有效使用，客观评价。这是个周而复始的过程，不仅涉及整个公共部门，还涉及到与公共产品和公共服务提供相关的整个社会，甚至会影响到其他国家的组织和人民。这个过程需要实事求是，需要信任，需要协作和创造，而这些均需通过预算制度的安排引导和推动，这正是预算的要害所在，只有那些从实际出发，符合基本人性，激发善意和创造力的预算模式，才有长久的生命力。

上第十六章。不见不闻，隐也。体物如在，则亦费矣。此前三章，以其费之小者而言。此后三章，以其费之大者而言。此一章，兼费隐、包大小而言。

经济形势、政治利益、社会风气、文化传统、国际关系、突发事件等因素交织在一起，决定着预算的走向和内容。很难测知哪个因素会主导预算，貌似充足的理由可能毫无用处，看上去荒谬的结果都有充足的原因，那些看不见、听不着的因素，往往真正决定着最终发生的一切。没有谁能够对预算等闲视之，变化会在任何时刻、任何地方出现，可能是机遇，也可能是严峻的挑战。所以，预算老手别无选择，只能小心谨慎、恭恭敬敬，一年预算，预算一年，没有哪一刻能心安理得睡大觉。在一番接一番殚精竭虑的棋局中、在一环套一环旗鼓相当的博弈里，收入如何？支出怎样？谁得到？谁失去？终将有个交代，只要政府存在一天，预算就会以自身的逻辑向前演进。毫无疑问，我们对预算的规律已经了解不少，但预算的复杂性决定于自然、社会和人性的复杂性，未知的领域依然广大。

第十七章

子曰："舜其大孝也与！德为圣人，尊为天子，富有四海之内。宗庙飨之，子孙保之。与，平声。子孙，谓虞思、陈胡公之属。

预算的成功是预算理念的成功，也是预算实践的成功。不仅要有正确、清晰的预算理念及其体制化、制度化、流程化、操作化，还要在实践中产生各方认可的预算结果。预算的困境正在于此，视角不同，观念会有冲突，利益不同，做法可能南辕北辙。预算历史上，各种预算模式你方唱罢我登场，没有哪一个能一劳永逸地解决所有问题。

故大德必得其位，必得其禄，必得其名，必得其寿。舜年百有十岁。

预算要成功，首先要贯彻正确的治理理念，预算标准的规范、流程的优化、技术的改进固然重要，但如没有治理理念的调整、完善和引领，往往成为事倍功半的表面文章。

故天之生物，必因其材而笃焉。故栽者培之，倾者覆之，材，质也。笃，厚也。栽，植也。气至而滋息为培。气反而游散则覆。

预算以事业的兴衰为转移。判断是否值得投入，要看表现和成果，还要看长远的影响，在应当发展的地方投入，在应当中止的地方撤资。落实预算使可能性成为现实，预算要看到各种可能性，要评估各种可能性，还要在有限的时空内做出选择。预算是不完美的选择，预算的选择应当追求完美。

诗曰：‘嘉乐君子，宪宪令德！宜民宜人；受禄于天；保佑命之，自天申之！’诗大雅假乐之篇。假，当依此作嘉。宪，当依诗作显。申，重也。

预算是人民的预算。人民的利益是预算的出发点，也是预算的衡量标准。预算编制、决策、执行、监督、评价均应以此为准绳，对人民利益认识的深化、对人民利益实现能力的提升，就是预算能力的提升。

故大德者必受命。”受命者，受天命为天子也。

预算无法决定自身，只有贯彻正确的治理和发展理念，预算才能充分发挥作用。

上第十七章。此由庸行之常，推之以极其至，见道之用广也。而其所以然者，则为体微矣。后二章亦此意。

预算的目的是优化资源配置。预算的目的是把钱分给能提升绩效的人和项目，配置正确，预算就正确，理论上所有的预算努力都应是这个方向上的探索和调适。起初可能失误，貌似有效不一定有效，问题是，能否阻止失误继续？在执行过程中调整或中止，或在来年另做打算。但失误常常会继续，可能是因为没有更好的选择，一味迁延；可能是因为利益，少数人的利益以多数人的利益为代价，或者相反。不当的利益会侵蚀受益者的基础，或长或短，资源会离开他们，离开那些低效的项目，找到新的方向和落脚点，开启新的征程。如果风云际会，好项目得到预算并顺利实施，就可能有绩效，绩效或隐或显，并不是所有的绩效都能被马上发现、充分理解和接受，当绩效不被理解和接受时，就可能失去预算，中止项目。预算的实质是公共投资，投得准，还要执行得好，才有绩效。绩效就是人民的利益，预算要发现人民的利益，聚焦人民的利益，兼顾人民的现实利益和长期利益，同时坚守人民的利益。诚然，预算是博弈，但决定胜败得失的，归根结底是人民的利益，站在这个立场上优化配置，有效实施，就有预算绩效。

第十八章

子曰："无忧者其惟文王乎！以王季为父，以武王为子，父作之，子述之。此言文王之事。书言"王季其勤王家"，盖其所作，亦积功累仁之事也。

预算应在中长期框架下筹划。深刻的变化需要持续的努力，税收基础的优化，支出结构的调整，财政体制的完善，财政风险的控制，均需考虑长远的影响。当前的预算困境可能源于以往的某个决定，而当前决定也往往会影响到未来相当长的一段时间，在预算问题上必须有临渊履薄的态度。

武王缵大王、王季、文王之绪。壹戎衣而有天下，身不失天下之显名。尊为天子，富有四海之内。宗庙飨之，子孙保之。大，音泰，下同。此言武王之事。缵，继也。大王，王季之父也。书云："大王肇基王迹。"诗云"至于大王，实始翦商。"绪，业也。戎衣，甲胄之属。壹戎衣，武成文，言一着戎衣以伐纣也。

预算上深刻的变化，往往源于长期的积累。2000年预算管理制度改革是对改革开放特别是1994年分税制改革以来收入快速增长、财政控制能力弱化的回应，2018年全面实施预算绩效管理改革和2021年深化预算管理制度改革是国家发展到新阶段，预算基础管理水平迅速提升、但收支形势日趋严峻的必然选择。至于预算管理上时隐时现的中期支出规划，已然数次登场，又悄然退隐，却从未真正离去，规划是预算的必然要求，今天的困境将是明天宝贵的经验。

武王末受命，周公成文武之德，追王大王、王季，上祀先公以天子之礼。斯礼也，达乎诸侯大夫，及士庶人。父为大夫，子为士；葬以大夫，祭以士。父为士，子为大夫；葬以士，祭以大夫。期之丧达乎大夫，三年之丧达乎天子，父母之丧无贵贱一也。”追王之王，去声。此言周公之事。末，犹老也。追王，盖推文武之意，以及乎王迹之所起也。先公，组绀以上至后稷也。上祀先公以天子之礼，又推大王、王季之意，以及于无穷也。制为礼法，以及天下，使葬用死者之爵，祭用生者之禄。丧服自期以下，诸侯绝；大夫降；而父母之丧，上下同之，推己以及人也。

《预算法》反映预算现实，阐发预算理想。《预算法》1995 年颁布，2014 年修正，2020 年修订实施条例。《预算法》在规范管理、加强控制上着墨较多。如何编制预算？如何实施决策？如何执行预算？如何评估和审计？如何控制财政风险？条分缕析，言之凿凿。熟读《预算法》，于预算责任、预算流程等实务思过半矣。但预算不止这些，预算绩效、预算公开、预算参与、中期预算等问题在《预算法》中仅仅点到为止。为什么？因为实践不深入透彻，尚无成熟的经验和普遍的共识。预算控制基本到位，部门内控仍需深化，绩效管理和中期计划亟需加强，这就是《预算法》对预算现实的客观反映。

上第十八章。

预算从不间断、没有终点。几个预算周期平行推进，一波未平，一波又起，参与者在不同的预算时空中进出。没有纯粹的当前预算，现在的收支可能决定于遥远过去的某个决策，而即将做出的收支选择又会对未来的预算产生深远影响。所有预算都是基数预算，基数是对过去所有进取、博弈、妥协的融合凝炼；所有预算都是理性预算，预算是时代的产儿，不同时代主题不同，预算必然用收支的变化回应时代呼声。长期看，年度预算只是人为划定的时段，一般的预算项目短则数年，长则绵延几十年，甚至数代人，短期效果不代表长期影响，要衡量预算绩效真的很难。预算上的变化不易，如果没有难以拒绝的收益，充足的理由和动力，为什么要煞费苦心、大动干戈呢？况且，即使早已时过境迁、绩效低下，利益集团仍会牢牢盯着一点儿既得利益不放，“人生代代无穷已，江月年年望相似。”常常在经历一番精心策划、痛苦挣扎后，预算依然故我。变化需要强有力的领导意志、适当的政治风向、经济形势，以及无法预期的机遇。但变化就一定好吗？如果轰轰烈烈的改革没有微观基础和长远打算，只是迎合时尚或政治需要，除了使参与者忙忙碌碌和积累财政风险外，将所获甚微。要防止故步自封，避免盲目冲动，使预算体系有活力、有绩效、可持续，政府就必须自我约束、自我激励，回到并坚守一些基本的预算规则：控制预算规模，全面管理收支，详细说明并公开预算，控制债务规模，落实预算责任并提升绩效，等等，这些规则是历史的经验，是理性的判断，也是妥协的结果，它们会约束政府的预算行为，激励政府在预算上主动作为，同时，也将引导参与者的合理预期。遵守这些规则需要政府治理体系和治理能力逐步现代化，也需要政府在经济困境和政治压力下妥善平衡好当前和长远的预算安排。

第十九章

子曰："武王、周公，其达孝矣乎！达，通也。承上章而言武王、周公之孝，乃天下之人通谓之孝，犹孟子之言达尊也。

预算是利益冲突的和解，是预算现实与预算理想的妥协。既要保障运行，支持重点，平衡预算，更要在这一过程中贯彻人民意志，彰显治理理念和精神。

夫孝者：善继人之志，善述人之事者也。上章言武王缵大王、王季、文王之绪以有天下，而周公成文武之德以追崇其先祖，此继志述事之大者也。下文又以其所制祭祀之礼，通于上下者言之。

预算以人民为中心。时代不同，人民的需要变化，预算也要变化；时代进步，人民的要求提高，预算能力也要提高。花小钱，办大事，是预算配置的理想；少花钱，多办事且办好事，是预算执行的追求。

春秋修其祖庙，陈其宗器，设其裳衣，荐其时食。祖庙：天子七，诸侯五，大夫三，适士二，官师一。宗器，先世所藏之重器；若周之赤刀、大训、天球、河图之属也。裳衣，先祖之遗衣服，祭则设之以授尸也。时食，四时之食，各有其物，如春行羔、豚、膳、膏、香之类是也。

理解预算，既要理解基本的理念、思路、原则，也要认识具体的制度、流程、标准，更要体会预算中变与不变的交响。常常是在翻了几个筋斗后，才认识到某个预算原则原来如此。也常常是在表面上日复一日枯燥乏味的重复后，才意识到简单的流程背后原来并不简单。

宗庙之礼，所以序昭穆也；序爵，所以辨贵贱也；序事，所以辨贤也；旅酬下为上，所以逮贱也；燕毛，所以序齿也。昭，如字。为，去声。宗庙之次：左为昭，右为穆，而子孙亦以为序。有事于太庙，则子姓、兄弟、群昭、群穆咸在而不失其伦焉。爵，公、侯、卿、大夫也。事，宗祝有司之职事也。旅，众也。酬，导饮也。旅酬之礼，宾弟子、兄弟之子各举觯于其长而众相酬。盖宗庙之中以有事为荣，故逮及贱者，使亦得以申其敬也。燕毛，祭毕而燕，则以毛发之色别长幼，为坐次也。齿，年数也。

预算秩序井然。收支预测，尽力而为，量力而行，确定合理的债务规模；经常性支出和建设性支出的比例，明确吃饭和建设的关系；财政体制的划分，决定集中和分散的程度；支出标准的调整，挤压或扩大有限的财政空间。这个庞大复杂的体系是个理性建构，承载着无数的理想和目标；也是习惯和妥协的结果，资金有限，信息有限，能力有限，时间有限，满意就好，完成即可。

践其位，行其礼，奏其乐，敬其所尊，爱其所亲，事死如事生，事亡如事存，孝之至也。践，犹履也。其，指先王也。所尊所亲，先王之祖考、子孙、臣庶也。始死谓之死，既葬则曰反而亡焉，皆指先王也。此结上文两节，皆继志述事之意也。

预算是一套授权系统，几乎每个环节都有明确规定。学费收入上缴国库返还后，才能做收入；支出预算批复后必须严格执行，一般不得追加调整；支出内容和规模不同，国库支付有不同的审批要求；支出结转两年未用尽，便要收回；债务实施额度控制，地方政府发债必须取得授权。一方面，是凛然不可侵犯的规则，另一方面，是资金使用快速高效自由的需要、复杂多变的环境。放松管制的要求如海浪般一波波冲向规则的堤岸，受阻后掀起更大的浪潮。长期的影响，要么堤毁人亡，要么通过建立新规则，重塑海浪与堤岸的关系。

郊社之礼，所以事上帝也，宗庙之礼，所以祀乎其先也。明乎郊社之礼、禘尝之义，治国其如示诸掌乎。”郊，祀天。社，祭地。不言后土者，省文也。禘，天子宗庙之大祭，追祭太祖之所自出于太庙，而以太祖配之也。尝，秋祭也。四时皆祭，举其一耳。礼必有义，对举之，互文也。示，与视同。视诸掌，言易见也。此与论语文意大同小异，记有详略耳。

预算要从实际出发，回应最现实最迫切的需要；预算也要尊重传统，一以贯之地信守过去的承诺。现实中问题俯仰皆是，要花钱的地方很多；承诺年复一年积累，在预算中占据半壁江山或更大份额。矛盾往往被扔给未来，赤字年年有，债务岁岁高。终于有一天，这个故事无法继续，权利性支出和选择性支出之间必须做出选择。于是，为了给新支出留出空间，一些看似神圣不可侵犯的承诺被放弃或做出调整。预算当务之为急，预算要信守承诺，预算就是这两个要求之间的变奏。

上第十九章。

预算继往开来。随着基本公共服务保障水平逐年提高，预算中越来越大的比重成为常规性支出，年复一年，习惯成自然，不断扩大覆盖范围、提高最低工资标准、提升保障水平，对平衡预算造成巨大压力。如果收入增长有限，这个趋势会挤掉有限的财政空间，使预算丧失活力，成为过往决策的俘虏。对政府而言，平衡预算固然重要，更重要的是精打细算、追求卓越、全心全意为人民服务，这意味着精益求精，尽一切可能改进资源配置。只有从人民中来，认清预算需要，到人民中去，重估预算价值，兼顾存量和增量，才可能面向未来改进预算。已经发生过不能作为支出在未来继续的理由，应当像慎重评估新支出一样对待已发生的支出，重温这些支出的来龙去脉，从历史的经验中分析它们的优势、局限和潜力，在未来的必要性和可行性，判断其目标、计划、标准、成本、实现方式、预期效果是否符合人民的需要，是否有更好的思路、方法和技术。这意味着预算的自觉：培养预算意识，完善预算程序和制度，提升预算能力。建立覆盖预算周期的评估和监督机制，实现人民的广泛参与，有计划地对所有支出实施严格规范的评估，以绩效为基础配置预算，停止那些没有必要或绩效低的，保留和优化那些有需要且绩效高的。唯如此，预算才能自强不息，激活存量，用好增量，政府才能有创新、有改进、有生机活力，更好地回应人民的现实需要。

第二十章

哀公问政。哀公，鲁君，名蒋。

预算的本质是政治，预算对政治高度敏感，政治上的改变最终将通过预算落地。

子曰："文武之政，布在方策。其人存，则其政举；其人亡，则其政息。方，版也。策，简也。息，犹灭也。有是君，有是臣，则有是政矣。

《预算法》和各种相关法律法规是预算中相对稳定、不变的因素，各种规定越明确具体，预算就越规范透明，同时相机抉择的能力也越弱；预算参与者是预算中最活跃的变量，预算参与者的流动性越大，预算的不确定性就越大，预算关键人物的变动往往是预算变革的最大动因。变革可能带来发展，也可能导致混乱和不安。

人道敏政，地道敏树。夫政也者，蒲卢也。夫，音扶。敏，速也。蒲卢，沈括以为蒲苇是也。以人立政，犹以地种树，其成速矣，而蒲苇又易生之物，其成尤速也。言人存政举，其易如此。

预算的核心是人。预算就是用钱组织人、组织人用钱去实现人民的更大利益。这意味着，评判预算是否有效的标准是人民的获得感与可持续发展，使预算有效的关键是充分激发预算参与者的积极性和创造性，找到合理的公共资金配置和使用方式。所有预算体制和机制的设计，都应当从基本的人性出发，促进人的自我实现和共同发展。

故为政在人，取人以身，修身以道，修道以仁。此承上文人道敏政而言也。为政在人，家语作“为政在于得人”，语意尤备。人，谓贤臣。身，指君身。道者，天下之达道。仁者，天地生物之心，而人得以生者，所谓元者善之长也。言人君为政在于得人，而取人之则又在修身。能修其身，则有君有臣，而政无不举矣。

促进人的全面发展是预算的基本目标。从这个基本目标出发，政府提出一系列发展战略、规划、重点任务和具体措施，而所有这一切均需要人来实现。人是预算中最活跃最重要的因素，预算的变化最终是预算者的变化，预算模式尽可以设计得或宏伟或精巧，如果预算参与者的思想和行为模式依旧，并不具备贯彻这一系列发展战略、规划、重点任务和具体措施的思想水平和行为能力，就只不过是新瓶装老酒的游戏而已。预算体制、机制、流程、标准的变化究竟对人的思想和行为产生什么影响？这个问题分析透彻了，拿捏到位了，预算才可能沿着预定的方向发展。

仁者人也，亲亲为大；义者宜也，尊贤为大；亲亲之杀，尊贤之等，礼所生也。杀，去声。人，指人身而言。具此生理，自然便有恻怛慈爱之意，深体味之可见。宜者，分别事理，各有所宜也。礼，则节文斯二者而已。

预算推动社会进步，社会进步改善民生；预算促进经济发展，经济发展提升政府和社会能力。要加强基本民生保障，在财力允许的范围内落实就业优先政策，促进教育高质量发展，稳步提高社会保障水平，强化公共卫生投入，支持发展文化事业，加强自然灾害防止和救助，同时，充分运用转移支付制度加大财政困难地区和欠发达地区基本民生保障能力。要推动经济更高水平自立自强，把攻克关键共性技术和解决“卡脖子”难题作为预算支出重点领域，落实税收、资产管理、政府采购和金融等支持创新政策，统筹资金加快构建自主可控、安全稳定的产业链供应链，发挥政府投资引导基金作用，构建充分体现知识、技术等创新要素价值的受益分配机制，推动经济安全、高质量和可持续发展。物有本末，事有终始，从薄弱环节入手，从长远发展着眼，有限的预算资源才能发挥最大的效益。

在下位不获乎上，民不可得而治矣！郑氏曰：“此句在下，误重在此。”故君子不可以不修身；思修身，不可以不事亲；思事亲，不可以不知人；思知人，不可以不知天。”为政在人，取人以身，故不可以不修身。修身以道，修道以仁，故思修身不可以不事亲。欲尽亲亲之仁，必由尊贤之义，故又当知人。亲亲之杀，尊贤之等，皆天理也，故又当知天。

预算的目的是服务人民。预算要遵循经济运行规律，顺应社会发展趋势，应对自然环境变化，面向科技创新前沿，化解内外部风险，从群众中来，到群众中去，充分体现人民群众的现实需要和长远利益。预算要开放、包容、有为、稳健，形成广泛共识，促进共同发展，解决“卡脖子”问题，实现长治久安。预算要解决的是人的问题，预算涉及的不仅仅是人的问题。

天下之达道五，所以行之者三：曰君臣也，父子也，夫妇也，昆弟也，朋友之交也：五者天下之达道也。知、仁、勇三者，天下之达德也，所以行之者一也。知，去声。达道者，天下古今所共由之路，即书所谓五典，孟子所谓“父子有亲、君臣有义、夫妇有别、长幼有序、朋友有信”是也。知，所以知此也；仁，所以体此也；勇，所以强此也；谓之达德者，天下古今所同得之理也。一则诚而已矣。达道虽人所共由，然无是三德，则无以行之；达德虽人所同得，然一有不诚，则人欲间之，而德非其德矣。程子曰：“所谓诚者，止是诚实此三者。三者之外，更别无诚。”

预算的本质是政治，是利益的分配。预算的理想境界是实现这复杂利益关系的和而不同。首先，要全面甄别这些利益关系背后的预算需求，标准如何？范围如何？直接需要多少钱？间接需要多少钱？长远需要多少钱？还有，钱从哪里来，税收还是收费？如何分担？等等。其次，要有分配草案，围绕战略和目标，兼顾历史承诺、现实需要、未来趋势，分配方案要公正，但这个公正没有无知之幕的清洗，要追求善，也要防止恶，要有理想，还要现实。最后，是做出选择并贯彻实施，预算分配可能经历反复博弈、相互妥协，预算执行可能经历挑战、创造、调整。预算就是这样一个周而复始、交叉重叠的分析、建构、实施过程，预算体系和预算能力在这个过程中形成和发展，始终坚持以人民为中心的宗旨，造次必于是，颠沛必于是。自强不息，精益求精，才可能不断改进和提升。

或生而知之，或学而知之，或困而知之，及其知之一也；或安而行之，或利而行之，或勉强而行之，及其成功一也。强，上声。知之者之所知，行之者之所行，谓达道也。以其分而言：则所以知者知也，所以行者仁也，所以至于知之成功而一者勇也。以其等而言：则生知安行者知也，学知利行者仁也，困知勉行者勇也。盖人性虽无不善，而气禀有不同者，故闻道有蚤莫，行道有难易，然能自强不息，则其至一也。吕氏曰：“所入之涂虽异，而所至之域则同，此所以为中庸。若乃企生知安行之资为不可几及，轻困知勉行谓不能有成，此道之所以不明不行也。”

预算的目的是找到有效的资金配置和使用方式。对预算而言，相当一部分资金的使用在过去已经决定，年度预算最佳的选择就是萧规曹随；部分预算经过论证，形成了参与各方均可接受的使用方案；还有的预算就不那么乐观了，需求很迫切，似乎一定得投入，但预期效果说不清，要边用边看，或在一个较长的周期后才能见分晓，或取决于其他因素的影响、其他收支的多寡优劣。预算是面向未来的投资，未来的不确定性越大，预算平衡和收支安排面临的挑战就越大，需要做出的调整可能就越多。没有全新的预算，更没有一成不变的预算，预算共识越多，改变的空间就越小，预算共识越少，冲突就越多。是非成败转头空，在变化中寻找共识才是预算永恒的旋律。

子曰：“好学近乎知，力行近乎仁，知耻近乎勇。“子曰”二字衍文。好近乎知之知，并去声。此言未及乎达德而求以入德之事。通上文三知为知，三行为仁，则此三近者，勇之次也。吕氏曰：“愚者自是而不求，自私者殉人欲而忘反，懦者甘为人下而不辞。故好学非知，然足以破愚；力行非仁，然足以忘私；知耻非勇，然足以起懦。”

预算的首要任务是发现和理解预算需求。预算项目究竟意味着什么？需要深思项目内涵并仔细测算，需要比较分析、长远打算，预算申请者起初可能并未发现项目在预算上最好的实现方式，或者压根儿就只是个不切实际的想法，预算编制和决策过程通过规范的程序和要求、反复博弈和打磨，增进对预算方案的理解、深化和改进。预算的第二个任务是执行，设计出良好的机制，使预算执行人积极有为，预算受益人密切配合，预算才可能行之有效、物有所值。预算的第三个任务是动态监控并定期评估，预算执行中发现问题要即知即改，预算评价结果要充分应用，或调整现行预算，或改进未来预算。预算周期中这三项任务互为表里，深化预算编制能够改善预算执行，加强预算执行能够深化预算认识，科学评估预算则可以深化认识，改进执行。

知斯三者，则知所以修身；知所以修身，则知所以治人；知所以治人，则知所以治天下国家矣。”斯三者，指三近而言。人者，对己之称。天下国家，则尽乎人矣。言此以结上文修身之意，起下文九经之端也。

认识能力、执行能力、改进能力互为表里，构成预算能力的三个基本维度。要提升预算能力，就要提升预算参与者在预算过程中的认识能力、执行能力、改进能力，这已不单单是预算问题，必须协同推进，改革政府的用人和激励机制。

凡为天下国家有九经，曰：修身也，尊贤也，亲亲也，敬大臣也，体群臣也，子庶民也，来百工也，柔远人也，怀诸侯也。经，常也。体，谓设以身处其地而察其心也。子，如父母之爱其子也。柔远人，所谓无忘宾旅者也。此列九经之目也。吕氏曰：“天下国家之本在身，故修身为九经之本。然必亲师取友，然后修身之道进，故尊贤次之。道之所进，莫先其家，故亲亲次之。由家以及朝廷，故敬大臣、体群臣次之。由朝廷以及其国，故子庶民、来百工次之。由其国以及天下，故柔远人、怀诸侯次之。此九经之序也。”视群臣犹吾四体，视百姓犹吾子，此视臣视民之别也。

预算要调动各方积极性。人民群众是预算的源头活水，充分参与，预算才能凝聚民心、反映民意；预算部门是预算的责任主体，真抓实干，预算才能深化细化、执行有力；财政部门是预算的枢机，统筹得当，预算才能规模适度、结构得当；政府主要领导是预算的中枢，指挥有方，预算才能方向明确、重点突出；立法部门是预算的开关，充分审议，预算才能集中民智、精益求精。预算要兼顾各方利益，要保障基本公共服务提供，平衡好公共部门与市场，作为一个负责任的大国，还要积极承担国际责任与义务，兼顾预算的国际影响。

修身则道立，尊贤则不惑，亲亲则诸父昆弟不怨，敬大臣则不眩，体群臣则士之报礼重，子庶民则百姓劝，来百工则财用足，柔远人则四方归之，怀诸侯则天下畏之。此言九经之效也。道立，谓道成于己而可为民表，所谓皇建其有极是也。不惑，谓不疑于理。不眩，谓不迷于事。敬大臣则信任专，而小臣不得以间之，故临事而不眩也。来百工则通功易事，农末相资，故财用足。柔远人，则天下之旅皆悦而愿出于其涂，故四方归。怀诸侯，则德之所施者博，而威之所制者广矣，故曰天下畏之。

预算参与方要各司其职。预算公开更全、更深、更细、更易于理解，重大决策和重大项目通过听证会等方式听取民意。赋予预算部门更大的预算自主权，深化预算绩效管理，健全内控机制，完善预算综合评价体系。财政部门加大宏观调控力度，控制财政风险，优化支出结构，提高运转效率。政府主要领导推动政府职能转变，集中力量办大事，贯彻新发展理念。立法部门加强组织保障，增加审议时间，全面提升预算审议质量。

齐明盛服，非礼不动，所以修身也；去谗远色，贱货而贵德，所以劝贤也；尊其位，重其禄，同其好恶，所以劝亲亲也；官盛任使，所以劝大臣也；忠信重禄，所以劝士也；时使薄敛，所以劝百姓也；日省月试，既禀称事，所以劝百工也；送往迎来，嘉善而矜不能，所以柔远人也；继绝世，举废国，治乱持危，朝聘以时，厚往而薄来，所以怀诸侯也。齐，侧皆反。去，上声。远、好、恶、敛，并去声。既，许气反。禀，彼锦、力锦二反。称，去声。朝，音潮。此言九经之事也。官盛任使，谓官属众盛，足任使令也，盖大臣不当亲细事，故所以优之者如此。忠信重禄，谓待之诚而养之厚，盖以身体之，而知其所赖乎上者如此也。既，读曰饩。饩禀，稍食也。称事，如周礼稿人职，曰“考其弓弩，以上下其食”是也。往则为之授节以送之，来则丰其委积以迎之。朝，谓诸侯见于天子。聘，谓诸侯使大夫来献。王制“比年一小聘，三年一大聘，五年一朝”。厚往薄来，谓燕赐厚而纳贡薄。

预算建立在原则之上。放弃原则往往带来局部利益，造成全局损失。坚持原则是预算健康和长治久安的重要保障，可以缓解过度博弈，降低管理的复杂度，控制交易成本。施政计划决定预算，宏图大志能够集聚社会资源，但首先需要稳定的政府财源，重大政策、重大工程、重大项目需要高超的预算时空配置策略，裹足不前会丧失机遇，大干快上往往难以为继。基本公共服务和社会福利是刚性支出，一旦提供便难以回头，永久性挤压财政空间，财政宽裕时期的承诺往往成为财政困难时期沉重的负担，必须慎之又慎、抑制冲动。公务部门的薪酬和福利水平在一定程度上决定了什么样的人进入公务员队伍，是影响公共部门水准的重要因素，高质量政府应当匹配较好的薪酬机制。降低税负可以提高人民群众的获得感和经济的竞争力，减税的影响必须用高质量经济发展和更高的政府支出绩效对冲。随着国家承担更多的国际责任，预算的覆盖范围将跨越国界，面对不同的政治、经济和文化环境，预算必须更具适应性和包容性。

凡为天下国家有九经，所以行之者一也。一者，诚也。一有不诚，则是九者皆为虚文矣，此九经之实也。

预算参与者真实、科学、合理地表达和实践，预算才可能真实、科学、合理。完善预算管理和体制、机制的方向，就是推动预算参与者真实、客观、合理地表达和实践。这意味着预算参与者在预算中实事求是，尽力而为，量力而行；收入真实，税负适当且合理分担；支出真实，结构和使用绩效社会认可；债务真实，规模和结构不影响长期稳定运转。

凡事豫则立，不豫则废。言前定则不跲，事前定则不困，行前定则不疚，道前定则不穷。跲，其劫反。行，去声。凡事，指达道达德九经之属。豫，素定也。跲，踬也。疚，病也。此承上文，言凡事皆欲先立乎诚，如下文所推是也。

预算到位与否是事业成败的基础。预算目的是否明确，是否符合实际且不可替代？预算计划是否科学，是否聚焦重点且安排合理？预算管理是否合理，是否规范透明且绩效导向？预算目标是否可问责，是否指标精准且有挑战性？预算是系统，是生态，要覆盖事业或项目的生命周期，环环相扣，彼此呼应，共生共荣，才可能充分实现预算绩效。

在下位不获乎上，民不可得而治矣；获乎上有道：不信乎朋友，不获乎上矣；信乎朋友有道：不顺乎亲，不信乎朋友矣；顺乎亲有道：反诸身不诚，不顺乎亲矣；诚身有道：不明乎善，不诚乎身矣。此又以在下位者，推言素定之意。反诸身不诚，谓反求诸身而所存所发，未能真实而无妄也。不明乎善，谓未能察于人心天命之本然，而真知至善之所在也。

对预算部门而言，预算的头等大事是明确事业发展目标和任务。预算目标和任务符合实际、有挑战性，才能落实预算责任。预算部门建立基于绩效的预算分配机制和人员激励机制，才能建立和而不同的协作机制，激发所有人的积极性和创造性；预算部门实施预算一体化建设、预算项目打捆、部门职能和机构再造等措施，部门间的协同效率才能实质性提升。预算部门的事业发展目标和任务契合政府发展规划和年度计划，才能充分发挥服务人民群众的职能。

诚者，天之道也；诚之者，人之道也。诚者不勉而中，不思而得，从容中道，圣人也。诚之者，择善而固执之者也。中，并去声。从，七容反。此承上文诚身而言。诚者，真实无妄之谓，天理之本然也。诚之者，未能真实无妄，而欲其真实无妄之谓，人事之当然也。圣人之德，浑然天理，真实无妄，不待思勉而从容中道，则亦天之道也。未至于圣，则不能无人欲之私，而其为德不能皆实。故未能不思而得，则必择善，然后可以明善；未能不勉而中，则必固执，然后可以诚身，此则所谓人之道也。不思而得，生知也。不勉而中，安行也。择善，学知以下之事。固执，利行以下之事也。

预算基数历经博弈、妥协，是各方心照不宣的共识。预算基数的变化是预算共识的部分瓦解，反映预算现实和治理理念的调整。预算增量中有的内容顺理成章，符合规律，没有争议，这部分预算日后将成为预算基数的有机组成，有的预算内容虽经反复论证，却缺乏基本的共识，最终安排反映预算博弈中获胜方的见解和利益，在其他群体中得不到支持，至于在将来能否得到广泛接受，成为预算基数的一部分，要视预算执行的结果和各方的理解来定。不理解预算基数，就不可能理解预算之道，执着于预算基数，则会回避对现实和未来的回应，影响必要的调整和改进。零基预算在历史上反复出现，目的是重新配置资源，实现重大的政治、经济和社会变革，改革过后，预算基数将再次成为新的共识，主导预算过程。

博学之，审问之，慎思之，明辨之，笃行之。此诚之之目也。学、问、思、辨，所以择善而为知，学而知也。笃行，所以固执而为仁，利而行也。程子曰："五者废其一，非学也。"

预算务必知行合一。不博学不足以全面掌握预算情况，不审问不足以深入领会预算范围和标准，不慎思不足以务实提出预算方案，不明辨不足以科学安排预算收支，不笃行不足以谨守预算授权、严肃预算执行，实现预算绩效。预算周期中的各个环节是个系统，环环相扣，互相影响，预算编制的质量会影响预算执行，预算执行的结果又会影响来年的预算编制和预算决策，而预算标准和范围的合理与否，也会对预算编制和执行产生影响。

有弗学，学之弗能弗措也；有弗问，问之弗知弗措也；有弗思，思之弗得弗措也；有弗辨，辨之弗明弗措也；有弗行，行之弗笃弗措也；人一能之己百之，人十能之己千之。君子之学，不为则已，为则必要其成，故常百倍其功。此困而知，勉而行者也，勇之事也。

预算务必精益求精。预算是事业发展的重要基础，当家理财，业财融合，把业务弄清悟透，才能合理配置预算，有效执行预算，客观评价预算；预算中的问题往往牵扯到体制机制，见招拆招固然重要，理顺体制机制才能长治久安。以预算绩效管理为例，绩效指标库建设、评审机制安排等问题固然重要，如何激发预算部门的积极性才是要害所在，建立合理的机制就能举一反三；预算改革的目的是推动政府治理体系和治理能力现代化，这个定位决定了预算改革必须与人力资源改革、资产管理改革等协同推进，才能行之有效，顾此失彼，难免步履艰难；落实预算部门责任至关重要，现在的做法是不断出台文件，从各个维度和层面详细规定预算部门职责，结果是工作量大增，但收效甚微。破解这个难题，关键是松绑，在责任明确、红线划清的基础上，尽可能赋予预算部门资源调配和使用的自主权，并辅之以必要的激励机制；预算上深刻的变化需要持之以恒的积累和改进，现实中却往往没想清楚就一拥而上，遇到困难便弃置一旁，然后换个名目重新开始。中期预算便是个例子，2000 年前后粉墨登场，财政部门单兵突进，计划部门冷眼旁观，预算部门得过且过，重形势，轻实质，声势浩大却收效甚微。现在看来，如果能够在计划和预算的整合上多一些基础性建设，收支预计扎根经济社会发展趋势，发展规划基于预算约束预期，扎扎实实推进项目库建设，改革应该能够取得更大的成效。

果能此道矣，虽愚必明，虽柔必强。明者择善之功，强者固执之效。吕氏曰："君子所以学者，为能变化气质而已。德胜气质，则愚者可进于明，柔者可进于强。不能胜之，则虽有志于学，亦愚不能明，柔不能立而已矣。盖均善而无恶者，性也，人所同也；昏明强弱之禀不齐者，才也，人所异也。诚之者所以反其同而变其异也。夫以不美之质，求变而美，非百倍其功，不足以致之。今以卤莽灭裂之学，或作或辍，以变其不美之质，及不能变，则曰天质不美，非学所能变。是果于自弃，其为不仁甚矣！"

预算精益求精，不断完善预算体系，提升预算能力，提升资源配置的合理性，提高预算执行的规范性和有效性，同时严控财政风险，就能全面发挥预算在推动政府治理体系和治理能力现代化中的作用。

上第二十章。此引孔子之言，以继大舜、文、武、周公之绪，明其所传之一致，举而措之，亦犹是耳。盖包费隐、兼小大，以终十二章之意。章内语诚始详，而所谓诚者，实此篇之枢纽也。又按：孔子家语，亦载此章，而其文尤详。“成功一也”之下，有“公曰：子之言美矣！至矣！寡人实固，不足以成之也”。故其下复以“子曰”起答辞。今无此问辞，而犹有“子曰”二字；盖子思删其繁文以附于篇，而所删有不尽者，今当为衍文也。“博学之”以下，家语无之，意彼有阙文，抑此或子思所补也欤？

预算体系和预算能力互为表里。好的预算体系能激发和维持预算能力，预算参与者的主动作为能改变预算体系，预算体系与预算能力风云际会，就能提高预算绩效。预算体系在政府文件中静静地等待它的主人，一百个人会有一百种解读和运用，平庸的预算体系会被预算能人用得风生水起，精心设计的预算体系可能被别有用心者肆意曲解。预算体系背后是错综复杂的利益和人的关系，改革预算体系就是调整这一切，既要避免尖锐的矛盾和冲突，又要有意设计必要的制衡机制，促进有益的竞争。由于预算体系不同，预算能力各异，预算实践者会面临不同的处境，演化出不同的预算能力。没有放之四海而皆准的模式，只有永无止境的探索。明确的预算绩效目标重要，理顺预算参与者的关系也重要，没有前者，往往劳而无功，没有后者，常常进退维谷。预算体系是引导人创造公共价值、自我实现和超越的体系。一要制定预算规则，什么可以做，什么不能做，什么时候做，什么时候不做；二要明确绩效目标和考核指标，落实预算责任，压实管理和问责基础；三要赋予用款人主动权，能够在预算内根据实际需要统筹调度，规范而有创造性地推动预算执行；四要使目标任务和预算保障匹配，实现财力、人力、物力的合理搭配、协同推进；五要建立激励机制，精神鼓励与物质奖励结合，促进资源配置和使用绩效的提升；六要合理设计收入筹措体系，珍惜民力，涵养经济；七要实施严格的成本控制和过程管理，厉行节约，避免浪费；八要运用预算政策促进有潜力的地区加速发展，稳步提高经济社会欠发达地区的基本公共服务水准，提高凝聚力和向心力；九要安排资金履行国际责任，营造良好的外部发展环境，推动人类命运共同体的建设。这九个方面的核心是实事求是地预算：尊重基本规律，遵守基本原则，通过广泛地学习、反复地质疑、深入地思考、谨慎地选择、严肃地执行，实现预算体系和预算能力的根本提升。这常常是个漫长的过程，需要持之以恒、步步为营。那些耗时费力、短期内得不偿失的基础性工作非常重要：要反复凝炼绩效目标，反复推敲绩效指标的内涵和度量，才可能模糊地知道我们将得到什么；要全面计量直接成本，合理分担间接成本，才可能有大致真实的成本。而这些仅仅是预算的基础和开始。

第二十一章

自诚明，谓之性；自明诚，谓之教。诚则明矣，明则诚矣。自，由也。德无不实而明无不照者，圣人之德。所性而有者也，天道也。先明乎善，而后能实其善者，贤人之学。由教而入者也，人道也。诚则无不明矣，明则可以至于诚矣。

预算以人民为中心，预算的终极目标是人民群众对美好生活的向往。虽然预算内容包罗万象，预算目标各各不同，但归根结底，要以是否有利于满足人民群众对美好生活的需要为指规，越能够在预算过程中反映并落实人民群众最基本最普遍的愿望，预算的质量就越高。预算体系的建设，预算能力的培育，均应以此为根本遵循。

上第二十一章。子思承上章夫子天道、人道之意而立言也。自此以下十二章，皆子思之言，以反复推明此章之意。

预算要回归自身。预算是政府运转的能量系统，健全预算体系必须健全治理体系，提升预算能力必须提升治理能力。现实中预算往往背离自身、不尽如人意：难以有效控制收支，难以全面落实发展规划，难以充分激发管理潜能，因而无法实现预算绩效，支持治理体系和治理能力的现代化。时代潮流、治理困境、经济社会转型、实践者的觉醒会引发变革，促使预算回到自身。上世纪九十年代中后期，财政收支规模快速增长，预算软约束，部门预算改革应运而生，预算内外资金统筹平衡，一个部门一本账，实施归口管理，细化预算编制，成效卓著。2008 年金融危机以来，中期预算粉墨登场，要求预算部门一次性编制三年期预算，用中期框架约束年度预算，但现实中规划和预算依旧两张皮，缺乏必要的预测能力和部门间协同，道阻且长，劳而无功，渐渐不了了之。本世纪以来，预算绩效管理探索的瓶颈之一是预算部门热情不高，绩效目标大而化之，绩效自评流于形式，推不动、管不了，反之，财政部门在形式化、程序化的工作上殚精竭虑，付出不少，收效不大。症结何在？预算部门无责任、无自由、无动力。要破这个局，必须回到健全治理体系和提升治理能力上来，预算部门是预算主体，必须有权有责，要通过量化或可说明的绩效目标和指标落实部门绩效责任，在项目安排和资金统筹上要有较为充分的自主权，要对绩效责任的落实情况进行奖惩并提高透明度。预算绩效管理的关键是理顺权责关系，赋予预算部门较为充分的自主权，预算自主权是预算部门公共服务提供过程中想象力和创造力的空间，配以适当的激励机制，就可能推动治理上的重大变革。众人拾柴火焰高，只有各预算部门都热心绩效，讲求绩效，预算才可能有绩效。

第二十二章

唯天下至诚，为能尽其性；能尽其性，则能尽人之性；能尽人之性，则能尽物之性；能尽物之性，则可以赞天地之化育；可以赞天地之化育，则可以与天地参矣。天下至诚，谓圣人之德之实，天下莫能加也。尽其性者德无不实，故无人欲之私，而天命之在我者，察之由之，巨细精粗，无毫发之不尽也。人物之性，亦我之性，但以所赋形气不同而有异耳。能尽之者，谓知之无不明而处之无不当也。赞，犹助也。与天地参，谓与天地并立为三也。此自诚而明者之事也。

预算要实现资源的可能性。资源的可能性，脱离不了人的可能性；人的可能性，也脱离不了资源的可能性。一体实现人性的充分发扬和物性的充分发挥，就要通过制度安排在预算过程中彰显人性，同时实现物尽其用。预算的改进意味着人性的回归和科学的进步。

上第二十二章。言天道也。

预算要有绩效。部门预算的目的是绩效，不是运转，没有绩效，就没有存在的意义。有作为，必须有所不为。绩效目标决定于部门职责和财力可能，要有挑战性。要实现绩效目标，就要建立有利于干事业的机制和条件，充分调动人的积极性和潜能，做到有责任、有权利、有规则，人尽其才，物尽其用。

第二十三章

其次致曲，曲能有诚，诚则形，形则着，着则明，明则动，动则变，变则化，唯天下至诚为能化。其次，通大贤以下凡诚有未至者而言也。致，推致也。曲，一偏也。形者，积中而发外。着，则又加显矣。明，则又有光辉发越之盛也。动者，诚能动物。变者，物从而变。化，则有不知其所以然者。盖人之性无不同，而气则有异，故惟圣人能举其性之全体而尽之。其次则必自其善端发见之偏，而悉推致之，以各造其极也。曲无不致，则德无不实，而形、着、动、变之功自不能已。积而至于能化，则其至诚之妙，亦不异于圣人矣。

预算改进可以全预算周期系统推进，也可以从某个环节入手，举一反三。如果从预算编制入手，预算编制的精益求精必然涉及预算执行的规范高效，以及编制与执行之间的统筹安排。这个变化也必然涉及预算审计和评价，如若没有高水平的预算审计和评价，预算编制和执行的质量如何便无从判断。当然，没有高质量的预算编制和执行，预算审计和评价便巧妇难为无米之炊，久而久之，难免粗疏草率。预算无法独善其身，预算决定不了预算。政策变化、体制调整、管理转型均会影响预算，改变预算，要求预算相应调整以实现政策落地、体制优化、管理升级。反之，预算分配模式和保障水平的变化也会带来各业务领域政策、体制、管理的新机遇、新挑战。除非经过全面、深入的评估，任何一厢情愿的改革都可能欲益反损、遭遇挫折。管理上某个不起眼的改进，惟精惟一，便可能带来全局性的深刻变革；而轰轰烈烈的运动，如果眼高手低、挂一漏万，也难免失败的命运。

上第二十三章。言人道也。

提升预算能力必须真抓实干。预算是文化、传统和复杂的利益关系，点上的变化需要面上协同，面上的变化有待点上突破。没有政治上强有力的支持和坚持不懈的努力，没有管理措施上扎实细致的工作，就不会有预算上深刻的变化。2012 年底以来我国政府严格执行中央八项规定精神，目的是改进工作作风、密切联系群众。政府运行支出得到有效控制，“三公”经费在大幅下降后继续逐年回落。是不是形式主义搞运动？是不是矫枉过正？是不是上下、内外有别？这些疑虑随着规定反复强化并严格执行、数十万人违规受罚而烟消云散，文件上的规定逐渐被大多数人接受，潜移默化为公务人员内在的要求和规则。为什么？因为政府行为本应如此，因为政府自上而下实事求是地规范、坚持不懈地执行，人民群众坚决拥护并积极监督。2018 年全面实施预算绩效管理的目的是政府治理体系和治理能力的现代化，是预算控制、计划、管理能力的全面提升。如果说八项规定用刻骨铭心的措施规范了公务人员的行为，通过避免违规行为、控制并降低行政成本提升了绩效，预算绩效管理要取得成功，同样需要用刻骨铭心的措施培育公务人员对预算工作的正确态度并激发其持续的创造力，预算绩效管理的核心是预算者思想和行为模式的绩效化，难点是绩效和控制并重。

第二十四章

至诚之道，可以前知。国家将兴，必有祯祥；国家将亡，必有妖孽；见乎蓍龟，动乎四体。祸福将至：善，必先知之；不善，必先知之。故至诚如神。见，音现。祯祥者，福之兆。妖孽者，祸之萌。蓍，所以筮。龟，所以卜。四体，谓动作威仪之闲，如执玉高卑，其容俯仰之类。凡此皆理之先见者也。然惟诚之至极，而无一毫私伪留于心目之间者，乃能有以察其几焉。神，谓鬼神。

好的预算局面可以回溯到正确的预算理念和原则，失之毫厘，则谬以千里。政治、经济、国际关系的变化会对预算造成强烈冲击，迫使预算做出反应，但必要反应和反应过度是两码事：一味相机抉择、放弃基本的预算理念和原则是饮鸩止渴；坚守基本的预算理念和原则，同时因势利导，才能在长期赢得主动和成功。

上第二十四章。言天道也。

预算要登高望远，也要回应现实。实践是检验真理的唯一标准，精心策划的理想能否实现，要看预算在现实中是否足够有吸引力、前瞻性和现实性，还要看预算中难以避免的意外和未知如何应对和化解。好预算能锦上添花，促进发展，也能通过化解重大矛盾转危为安；坏预算则可能葬送了大好形势，甚至深化危机和颓势。预算周而复始，福祸相依，真正重要的可能不是所谓的形势好坏，而是形成并不断提升在动态中把握机遇、化解难题的预算体系和预算能力。宽松的经济形势下，年度收支平衡矛盾小，但扩大支出的冲动强烈，政治上的支持也大，所以中长期收支平衡矛盾突出，这时候如果不能留有余地，就会造成过度投资和权利性项目膨胀，难以为继，效率低下；糟糕的经济形势下，年度收支平衡矛盾大，但增收节支有共识，政治上的支持也大，预算控制手段反而容易落地，这时倒要避免反应过度，守住底线、维持稳定等待转机。好预算需要真实有效的信息。预算参与者对预算信息的需求不同，决策者需要部门或项目的绩效目标和考核指标，需要预算需求与目标实现之间关系的说明；预算部门需要项目的详细信息，需要项目的实施计划，需要落实项目执行所需的工作指标等信息；人民群众需要的可能是自己关心的部门或项目深入浅出的预算信息。凡此种种，只有因地制宜，才能有效服务于决策、执行、监督等需要。好预算还要有合理的决策机制，只有在不同的预算环境下始终坚持基本的预算原则，才能健全预算逻辑，强化预算定力，明确预算方向和重点，做到执简驭繁，避免在现实压力下一退再退，偏离常道，出现重大偏差。

第二十五章

*诚者自成也，而道自道也。*道也之道，音导。言诚者物之所以自成，而道者人之所当自行也。诚以心言，本也；道以理言，用也。

预算是什么，不是什么？预算能做什么，不能做什么？预算怎么形成，如何变化？预算过程周而复始的演进，就是对这些基本问题一次次的解答。一定程度上，有什么问题，就有什么预算。正是因为没有完全相同的问题，所以没有完全相同的预算。貌似相同的预算过程中，可能是大相径庭的预算。

*诚者物之终始，不诚无物。是故君子诚之为贵。*天下之物，皆实理之所为，故必得是理，然后有是物。所得之理既尽，则是物亦尽而无有矣。故人之心一有不实，则虽有所为亦如无有，而君子必以诚为贵也。盖人之心能无不实，乃为有以自成，而道之在我者亦无不行矣。

预算以人为本，要积极回应人民群众对美好生活的向往。重大的政府预算收支安排和调整要充分听取民意，做到预算来自人民，预算服务人民。税收或收费要控制或降低，尽可能赋予人民更多的经济自主权，同时为经济发展赋能；财政政策要定位于人的全面发展，支出要彰显公平正义，基本公共服务要着力解决地区差距、城乡差距、收入差距等问题，更基本、更务实，重大政策和项目要聚焦人民群众的获得感、幸福感、安全感。预算绩效信息要公开透明，能理解、可问责。

诚者非自成己而已也，所以成物也。成己，仁也；成物，知也。性之德也，合外内之道也，故时措之宜也。知，去声。诚虽所以成己，然既有以自成，则自然及物，而道亦行于彼矣。仁者体之存，知者用之发，是皆吾性之固有，而无内外之殊。既得于己，则见于事者，以时措之，而皆得其宜也。

预算要眼中有人。人与人同中有异，预算也要和而不同，努力促成各取所需、各得其所。不仅如此，任何一级政府、一个国家，均无法遗世独立，某地方、某国家人民的幸福和发展必然受到其他地方和国家人民幸福和发展的影响，四海俱有方可生生不息，成人之美才能美美与共。人的幸福和发展有赖于技术进步，预算也要眼中有物。在复杂的国际环境下，某些关键核心技术可能是一个国家生死存亡之机，与人民幸福休戚相关，预算聚焦战略新兴科技发展重点支持，眼中有物就是以人为本。在人类发展的历史长河中，人与自然和谐共处才能共生共荣，预算的自然之道就是预算的人道。预算只有充分发挥枢机作用，统筹经济资源、社会资源、自然资源、历史文化资源利人利物，方能财成天地之道，辅相天地之宜。

上第二十五章。言人道也。

预算绩效是预算者的自我实现。预算机制配置资金，规定资金的用途、标准、范围，所有这一切要转化为最终的公共服务绩效，关键在人，只有资金使用者才能点石成金。预算绩效在数量、质量上的界定仅仅是有待证伪的预设，资金使用者实事求是、创新创造、尽力而为，就可能将绩效的边界推得更远一些。

第二十六章

故至诚无息。既无虚假，自无间断。

预算是一条不舍昼夜向前奔流的大河，相互继起，永不间断。当前的决策和作为将影响长远，任何权宜之计必然导致资源错配、绩效低下。预算要坚持基本原则，预算要回应现实需要，预算还应在一次次周期性重复中汲取经验，去芜存菁、去粗取精，变得规模适度、结构合理、繁简适中、管理规范。

不息则久，久则征，久，常于中也。征，验于外也。

预算中深刻的变化需要持之以恒的努力。预算观念的转变、利益结构的调整、管理能力的培养，绝非旦夕之功。需要时间找到正确的理念，在反复的试错中发现方便法门，然后，在岁月的涵养中逐渐发展和成熟。

征则悠远，悠远则博厚，博厚则高明。此皆以其验于外者言之。郑氏所谓“至诚之德，着于四方”者是也。存诸中者既久，则验于外者益悠远而无穷矣。悠远，故其积也广博而深厚；博厚，故其发也高大而光明。

预算的基本安排，包括预算编制要求、收支分类科目、预算决策机制、预算体制安排、预算执行规定、预算审计和评价等，涉及所有政府部门和利益相关方，要科学合理、行之有效，避免顾此失彼、朝令夕改，不仅要着眼长远、系统筹划，还需要切磋打磨、反复推敲完善。预算是政治，要接地气，充分考虑各方利益和管理基础，也要贯彻政治理想，为政府治理体系和治理能力的现代化提供功能强大的枢机和坚实深厚的基础。

博厚，所以载物也；高明，所以覆物也；悠久，所以成物也。悠久，即悠远，兼内外而言之也。本以悠远致高厚，而高厚又悠久也。此言圣人与天地同用。

预算要博厚，要现实，扎根中国大地，促进包容性发展；预算要高明，要超越，面向未来统筹规划，满足基本需要，解决关键问题；预算要悠久，要稳健，控制财政风险，实现可持续发展。博厚、高明、悠久是预算境界三位一体的基本特征。

博厚配地，高明配天，悠久无疆。此言圣人与天地同体。

预算，应如大地般博厚，承载一切；应如苍穹般高明，洞彻一切；应如时间般悠久，成就一切。

如此者，不见而章，不动而变，无为而成。见，音现。见，犹示也。不见而章，以配地而言也。不动而变，以配天而言也。无为而成，以无疆而言也。

预算博厚、高明、悠久。预算部门担当作为、当家理财，预算的精益求精和绩效便有了坚实的基础，资源便能够在一定的规则、政策、体制、机制、流程、标准下优化配置、有序流动、高效使用。预算管理部门频繁干预指导说明预算体系不完善，预算能力尚需提升。无为而治、各司其职、各美其美才是预算的理想境界。

天地之道，可一言而尽也：其为物不贰，则其生物不测。此以下，复以天地明至诚无息之功用。天地之道，可一言而尽，不过曰诚而已。不贰，所以诚也。诚故不息，而生物之多，有莫知其所以然者。

预算要反复凝炼目标，把资源用精用纯。各利益主体在预算中竞争与合作，目标分散、莫衷一是。在预算过程中主动发现共识、凝聚共识、发展共识，一次次用全局利益覆盖局部利益，用重大利益覆盖一般利益，用长远利益覆盖短期利益，预算目标和项目更少、更集中、指向更明确，预算资源的配置水准才可能跃上新层次，迎来更为丰富广阔的新局面。

天地之道：博也，厚也，高也，明也，悠也，久也。言天地之道，诚一不贰，故能各极所盛，而有下文生物之功。

预算之道博、厚、高、明、悠、久，不断改进，生生不息。

今夫天，斯昭昭之多，及其无穷也，日月星辰系焉，万物覆焉。今夫地，一撮土之多，及其广厚，载华岳而不重，振河海而不泄，万物载焉。今夫山，一卷石之多，及其广大，草木生之，禽兽居之，宝藏兴焉。今夫水，一勺之多，及其不测，鼋鼍、蛟龙、鱼鳖生焉，货财殖焉。夫，音扶。华、藏，并去声。卷，平声。勺，市若反。昭昭，犹耿耿，小明也。此指其一处而言之。及其无穷，犹十二章及其至也之意，盖举全体而言也。振，收也。卷，区也。此四条，皆以发明由其不贰不息以致盛大而能生物之意。然天、地、山、川，实非由积累而后大，读者不以辞害意可也

预算覆盖广大、周而复始。有政府的地方，就有预算，政府存在，预算就存在。预算并非刻板静止、一成不变，预算生生不息、变化莫测。靡不有初，鲜克有终，精心设计的预算可能很快就过时，绚烂的外表下是苍白的内容；平淡无奇的支出可能演变为沉重的负担，一旦开启就无法回头。要谨慎地对待每一笔收支，它从哪里来，是否还有存在的必要？它到哪里去，迅速增长的支出在财力上能否负担？在政治上是否有必要负担？短期内似乎收支均没有太大的腾挪空间，特别是主体税收、基本支出。长期看没有什么是永恒的存在，一切都会变化，也应该变化，适当的预算就是通往未来的林中路。

诗云："维天之命，于穆不已！"盖曰天之所以为天也。"于乎不显！文王之德之纯！"盖曰文王之所以为文也，纯亦不已。于，音乌。乎，音呼。诗周颂维天之命篇。于，叹辞。穆，深远也。不显，犹言岂不显也。纯，纯一不杂也。引此以明至诚无息之意。程子曰："天道不已，文王纯于天道，亦不已。纯则无二无杂，不已则无间断先后。"

预算以人为本。预算的目的是回到人，保障人，发展人。只有在促进人的全面发展上定位预算，预算才找到了正确的方向，所有悖离这个方向对物的追求、对人的忽视或不切实际的许诺和投入，均是南辕北辙。要应付眼前的问题，还要在长期实现可持续发展，预算没法轰轰烈烈、一锤子买卖。看透绚烂后的平淡，听到无声处的惊雷，预算才能聚焦真正重要的，放弃早该放弃的，不慌不忙，从容中道。

上第二十六章。言天道也。

预算永不停息。预算不是原地打转、一成不变的，在一系列的挑战—应战过程中，预算永远在生成，好的预算实践会凝炼成预算的基因和特质，糟糕的做法则耸动一时后烟消云散，理所当然的规矩会弃置一旁，脑洞大开的奇思妙想则大行其道。大张旗鼓的改革往往没有结果，为什么？要得太多，管得太死，催得太急，给得太少。计划项目预算就是个典型，迫切地要实现资源的最优配置，不切实际地提出太多要求、增加太多工作量，不考虑预算能力和预算实际，不分青红皂白地一揽子实施，预算部门只有义务，没有自由。真正深刻的变化是自然而然的，在不经意间开始，渊源有自，实事求是，待自上而下推动时，观念、机制、制度、方法、人才等方面已有相当的积累和准备；变革需要时间，深层次的变革需要较长的时间，2000 年部门预算改革启动时，部门预算还是个新名词，单一账户体系、政府采购、预算内外资金综合平衡、非税收入等，需要在政府内外不断普及说明，二十年后的今天，大部分概念不言自明，部分概念随着改革的推进已成为历史。时间是发展规律的一部分，主观设定预算变化的时间，千方百计缩短历史进程，只会南辕北辙，煮出夹生饭。预算服务于政府治理，政府做什么？政府怎么做？是预算的基本命题。前者决定预算配置的范围和重点，上善若水，政府边界变化，预算收支范围必须变化，政府工作重心调整，预算收支结构必须调整；后者决定预算保障的方式，技术手段变迁、市场组织方式变化等等，会影响公共服务提供的成本和方式，预算必须迅速跟上。对预算而言，政治是决定性的。建设什么样的国家？决定着预算在中长期的指导思想、基本原则、主要思路和重点任务。建设什么样的政府？决定着预算决策的基本模式，预算收支的规模和结构。国家和政府建设中的重大决策决定着预算的大方向、大思路。上述诸方面是预算的四梁八柱，上述方面定了，预算模式就定了，上述方面不断推进深化，就是预算的不断推进深化。至于会得到什么，无法预期，这也是预算开放体系的本质所决定的。

第二十七章

大哉圣人之道！包下文两节而言。

预算贯彻治国之道，聚焦国之大者，遵循基本规律，方能行稳致远。

洋洋乎！发育万物，峻极于天。峻，高大也。此言道之极于至大而无外也。

预算在公共事务中无处不在、无时不有，但预算不是主导者、约束者，而是涵养者、推动者，正是在生生不息的流转中，预算周而复始、成就万物。

优优大哉！礼仪三百，威仪三千。优优，充足有余之意。礼仪，经礼也。威仪，曲礼也。此言道之入于至小而无闲也。

预算规则、政策、体制、机制、流程、标准不是死的规定，只有贯注活的预算精神，纵横有度、收放自如，预算生态才能既秩序井然，又生机勃勃，预算才能中道而立，发挥应有的作用。

待其人而后行。总结上两节。

预算的目的是人，也决定于人。人的需要、人的素质、人的认识、人的历史、人的组织和交往方式等在根本上决定了预算的特征和趋势。有什么样的人，就有什么样的预算，人性的统一性和多样性从根本上决定了预算的统一性和多样性。

故曰苟不至德，至道不凝焉。至德，谓其人。至道，指上两节而言也。凝，聚也，成也。

预算的境界决定于人的境界，预算的发展决定于人的发展。倾听人民需求、了解事业规律、改进运行规则、提升科技水平等在预算过程中的努力，只有通过人的素质和境界的提升才能水到渠成、开花结果。

故君子尊德性而道问学，致广大而尽精微，极高明而道中庸。温故而知新，敦厚以崇礼。尊者，恭敬奉持之意。德性者，吾所受于天之正理。道，由也。温，犹燖温之温，谓故学之矣，复时习之也。敦，加厚也。尊德性，所以存心而极乎道体之大也。道问学，所以致知而尽乎道体之细也。二者修德凝道之大端也。不以一毫私意自蔽，不以一毫私欲自累，涵泳乎其所已知。敦笃乎其所已能，此皆存心之属也。析理则不使有毫厘之差，处事则不使有过不及之谬，理义则日知其所未知，节文则日谨其所未谨，此皆致知之属也。盖非存心无以致知，而存心者又不可以不致知。故此五句，大小相资，首尾相应，圣贤所示入德之方，莫详于此，学者宜尽心焉。

预算是无尽的探索。了解人民的需要，探究事业的规律，探索技术的前沿，探求资源配置的可能，非此不足以贯彻为人民服务的宗旨。预算要顶天立地，要长期涵养稳定可靠的收入来源，紧紧围绕根本的、重大的、长远的领域配置资源，同时要在开支范围、配置标准、执行过程、评价方法等方面精益求精、落实落细落小，让重大的预算决策和执行有坚实的微观基础。预算在现实中得到检验，政治上得分的理念、精心设计的方法固然打动人心，行之有效的措施才能真正赢得人心，预算在现实中往往通过让步取得进步。预算难以完全摆脱过去，眼前问题的解决往往需要重新审视过去的决策，重估过去才能走进未来。预算要回到原则，预算在现实的漩涡中疲于奔命，难免淹没初心，回到原则，信守原则，才能重新回到预算之道。

是故居上不骄，为下不倍，国有道其言足以兴，国无道其默足以容。诗曰“既明且哲，以保其身”，其此之谓与！倍，与背同。与，平声。兴，谓兴起在位也。诗大雅烝民之篇。

预算要长治久安，既要一以贯之地认清形势，还要持续地选择切实可行的方法和策略。在经济形势向好时，要聚焦重点精准发力，抓住机遇加速发展；在经济形势严峻时，要守住底线等待转机，保障基本民生和政权运转。对政府而言，好年景和坏年景均意味着对预算能力的更大挑战，前者要抑制各种奇思妙想和冲动，后者则要控制风险积极作为。

上第二十七章。言人道也。

预算是一套资金配置规则。预算每年决定 GDP 三分之一以上财富的配置，负载广大，影响深远。预算规则既要贯彻共同理念，坚守万殊一本，争取正确的引领、全面的覆盖、广泛的认同；也要因地制宜，适应现实需要，争取合理的分配、有效的执行、可接受的结果。预算的实质是如何通过资金分配组织人创造公共价值。预算的目的是人，手段也是人，人的预算的关键是预算中的人，预算人创造公共价值并实现自我是预算的终极目标，所有预算改革都要实现人的转变和人的组织方式的转变。如何实现转变？方法有四。一则遵循预算规则。形成预算共识，养成预算伦理，使预算过程规范化、科学化、民主化，同时，在预算实践中不断深化对预算规则的理解，进而丰富和发展预算规则，用生生不息的活规则引领预算实践。二则预算规则融入公共价值创造过程。预算部门既统一思想，遵循基本的预算规则，又和而不同，在具体的预算问题上精益求精，从实际需要出发营造微系统、小循环，让预算规则接地气、有实效，推动业财融合，优化资源配置，充分调动各方的积极性和创造性。三则预算规则要凝聚共识。预算的实质是政治，再好的规则，没有共识也枉然。政治上正确是预算正确的前提，预算的是非曲直归根结底取决于民意的向背，预算从群众中来，到群众中去，以符合群众利益、群众愿意接受的方式进行，才可能赢得共识、实现绩效。四则预算要继承创新。预算传统的背后是政治传统、经济传统、社会传统、文化传统。变革预算而不触动上述诸方面，是新瓶装老酒，轰轰烈烈之后，常常不了了之；上述诸方面已今非昔比，还固守老的预算模式，则是老瓶装新酒，阻碍变化，难免不是滋味。变革有代价，守旧无出路，实事求是地梳理预算变革的来龙去脉，分析变与不变的利弊得失，才可能找到恰当的道路。

第二十八章

子曰："愚而好自用，贱而好自专，生乎今之世，反古之道。如此者，灾及其身者也。"好，去声。?，古灾字。以上孔子之言，子思引之。反，复也。

预算因时因地而异。指望通过照搬照抄某种国外的预算模式快速改进预算体系，提升预算能力，往往行不通。过去二十年，零基预算、应计制会计、中期支出规划等新理念、新模式来来往往，常常是基层工作者还在云里雾里、没弄清究竟要干什么时，便宣告终结。究其原因，要么水土不服，要么时候未到。从历史上看，财政部门常常是预算改革的推动者，系统设计改革方案，努力推动改革进程。平心而论，财政部门仅仅是预算改革的参与者之一，要以一己之力扭转乾坤往往力不从心，而过多地从财政视角出发审视和评判预算，也难免出现偏差，实践中常常缺乏落实预算部门责任的机制，约束多，激励少，立法部门和人民群众对改革的参与也不足。久而久之，难免形式大于实质，理念脱离实践，落入事倍功半的囚徒困境。

非天子，不议礼，不制度，不考文。此以下，子思之言。礼，亲疏贵贱相接之体也。度，品制。文，书名。

预算是对人性的考验。有钱怎么办？没钱怎么办？差之毫厘，谬以千里，往往一念之差，就会偏离基本的预算逻辑和原则，然后，各种利益和权力会不容分说地裹挟着预算步入深渊。反观历史，预算就像人性那样捉摸不定，预算能力恰恰体现在能否在预算出现偏差后以较少的代价、较短的时间回归常识，回到正轨。预算正确的基础不仅是制度安排，长期来看，更决定于整个社会在预算原则上的共识和对预算的敬畏。

今天下车同轨，书同文，行同伦。行，去声。今，子思自谓当时也。轨，辙迹之度。伦，次序之体。三者皆同，言天下一统也。

预算的基础是社会共识。预算变化如果只反映少数人的想法，势必遭遇强有力的反抗，难以长久；反之，一旦社会共识发生变化，预算的改变也将提上议事日程。预算是关于资源配置和使用的决策，缺乏必要的共识，预算将矛盾重重。

虽有其位，苟无其德，不敢作礼乐焉；虽有其德，苟无其位，亦不敢作礼乐焉。郑氏曰："言作礼乐者，必圣人在天子之位。"

预算制度是资源配置和使用的规则，预算制度的变化导致预算配置格局的调整、预算使用方式的转变。大道至简，预算制度的频繁变化会导致资源配置体系的紊乱。权宜之计多，长远打算少；争盘子、抢资源多，埋头苦干、深耕细作少。不是系统反思现行制度的利弊得失，持续不断夯实管理基础，理顺体制机制，而是在没有充分调查论证的情况下，一味从现实需要出发推陈出新，会把所有人拖入一场旷日持久的疲劳战，预算改革越来越变成应付差事、得过且过，在铺天盖地的表格、评价和报告后，预算能力和预算质量变化不大。

子曰："吾说夏礼，杞不足征也；吾学殷礼，有宋存焉；吾学周礼，今用之，吾从周。"此又引孔子之言。杞，夏之后。征，证也。宋，殷之后。三代之礼，孔子皆尝学之而能言其意；但夏礼既不可考证，殷礼虽存，又非当世之法，惟周礼乃时王之制，今日所用。孔子既不得位，则从周而已。

每个时代的预算问题不同，预算模式也不同。分项预算、绩效预算、计划项目预算、零基预算、目标预算等分别回应了不同的时代命题，也纷纷因时过境迁退出历史舞台。每个时代都有亟需解决的预算问题，需要对症下药。历史不会重演，以往使用过的预算理念和模式可能有借鉴意义，但照搬照抄只会削足适履、水土不服。要善于从中国实际出发，把历史的经验用活用好，找到扎根中国大地、管用有效的预算模式。

上第二十八章。承上章为下不倍而言，亦人道也。

预算处处是歧路迷津。中期预算是个好理念，但一无收入预测基础，二无支出规划准备，强制推行必然四处碰壁、收效甚微。预算绩效管理是个好方向，但政府绩效改革必须全面推进，非如此，预算绩效管理便没有扎实的基础。财政部门用力越猛，预算部门反弹越大，猫捉老鼠的游戏势必产生更多的控制而非绩效。预算历史上那些模式和做法要解决什么问题？遇到什么困难？有什么刻骨铭心的经验？实务部门往往秘而不宣，能接触到的仅仅是语焉不详的记录和干巴巴的文件。学者用概念、模式模拟现实，把充满矛盾和冲突的过程描绘得简简单单、井井有条。其他国家或地方的做法，表面上轰轰烈烈、成效卓著，凑近看，说归说，做归做。所以，当代的事，得从当代出发，中国的事，还得符合中国实际，充分尊重本国的治理传统，充分理解中国的治理现实，既然前无古人，只能放弃幻想，实事求是、自力更生，探索有中国特色的预算道路。

第二十九章

王天下有三重焉，其寡过矣乎！王，去声。吕氏曰：“三重，谓议礼、制度、考文。惟天子得以行之，则国不异政，家不殊俗，而人得寡过矣。”

成功的治理需要成功的预算。预算失控、低效、有风险会侵蚀治理的基础，要坚持哪些预算原则和逻辑才能避免重大失误？在雄心勃勃地准备利用预算大干一场之前，政府决策层冷静客观地回答这个问题，并做出妥善安排，一定会受益匪浅。

上焉者虽善无征，无征不信，不信民弗从；下焉者虽善不尊，不尊不信，不信民弗从。上焉者，谓时王以前，如夏、商之礼虽善，而皆不可考。下焉者，谓圣人在下，如孔子虽善于礼，而不在尊位也。

预算来自人民，预算贯彻政府意志。预算在政府和人民之间的渠道要畅通，预算一定要在决策环节充分听取和吸收民意，得到人民代表的广泛理解和支持，才有合法性和顺利执行的基础。预算在政府内部的渠道要畅通，预算的创造力来自基层，唯有落实责任，宏观指导，微观放开，建立鼓励预算部门创新创造和追求卓越的体制机制，政府内部才能血脉贯通，人民与政府才能心气相通，财政资金才能真正用出绩效，人民才可能对预算满意，对政府满意。

故君子之道：本诸身，征诸庶民，考诸三王而不缪，建诸天地而不悖，质诸鬼神而无疑，百世以俟圣人而不惑。此君子，指王天下者而言。其道，即议礼、制度、考文之事也。本诸身，有其德也。征诸庶民，验其所信从也。建，立也，立于此而参于彼也。天地者，道也。鬼神者，造化之迹也。百世以俟圣人而不惑，所谓圣人复起，不易吾言者也。

预算的根本是人，是人的幸福和素质的全面提升，所有不利于人发展的预算都是反预算的预算。预算要充分听取人民群众的意见，预算中要看得见人民群众的喜怒哀乐，要保障人民群众的基本权益和尊严，要有利于人民群众认识自我，追求美好生活。预算要讲政治，以最经济的方式贯彻基本的政治理念和治国方略，预算的成功是政治的实现，预算的失败是政治的徒劳。预算是事业发展的物质基础，只有预算部门当家理财，做到业财融合，预算安排和执行符合事业发展规律，做到“雨露之所濡，甘苦齐结实”，预算才能有绩效。预算是条不断向前奔涌的河，过去的决定将深刻影响当前的预算，预算过程中要不断回到过去，梳理各种项目、标准、开支范围、体制机制的来龙去脉，评估萧规曹随或创造性转化的可能性，只有全面真实地统揽过去，才能客观有效地面对当前。预算要面向未来。对重大的预算收支而言，利弊得失短期内往往说不清，常常要到数年乃至数十年后，才可能做出合理的评判。从某种意义上讲，重大预算就是政府的重大投资，收益高，风险也大，只有那些经历了岁月磨砺后仍旧价值出众的项目，才能进入经常性预算的范畴。

质诸鬼神而无疑，知天也；百世以俟圣人而不惑，知人也。知天知人，知其理也。

预算是实现，是调和，是反映。公共事务通过预算实现，预算务必遵循公共事务运转的逻辑。预算有限，事务众多，预算务必突出重点，兼顾一般，理论上讲，预算方案中各项事务的边际收益应大致相当，预算会通过特定的安排减少过度比较，但要预算，就要比较，对预算的期望越高，比较就越要广泛深入。人民对美好生活的追求通过预算实现，预算务必顺应民意，如何客观真实地反映民意，预算过程必须做出适当安排；资金有限，诉求众多，预算务必体现正义，平衡各方利益，预算的编制和决策过程要提供比较反复的机会，社会有共识，预算就进退有度，社会缺乏共识，预算就冲突频频。

是故君子动而世为天下道，行而世为天下法，言而世为天下则。远之则有望，近之则不厌。动，兼言行而言。道，兼法则而言。法，法度也。则，准则也。

预算要减少失误。用基本的预算原则和事业发展规律重估以往的预算决定和预算基数，中止时过境迁、不必要的收支；去除繁文缛节，健全和完善必要的管理机制。用基本的预算原则和事业发展规律严格评审新的预算需求，明确目标，控制成本，加强管理，同时建立必要的退出机制，提高预算配置的精准度和使用绩效。公共资源容易错配，容易低效，所以在预算主动作为时尤其要如履薄冰，回到基本问题：一定要增税吗？能不能不增支？当然，这个逻辑仅适用于一般情况，在重大突发事件面前过度权衡、裹足不前，也会造成严重的问题。

诗曰：“在彼无恶，在此无射；庶几夙夜，以永终誉！”君子未有不如此而蚤有誉于天下者也。恶，去声。射，音妒，诗作斁。诗周颂振鹭之篇。射，厌也。所谓此者，指本诸身以下六事而言。

预算的每个环节都影响预算质量。预算编制质量高，预算决策和执行的基础就好，预算评价才能有的放矢；预算决策质量高，预算编制费时耗力的工作才有价值，预算执行才有绩效；预算执行质量高，边执行边深化、边调整，可以矫正预算编制的粗疏、预算决策的误判；预算评价和审计质量高，可以检验预算编制、决策、执行的优劣，可以为新一轮预算编制、决策、执行提供重要的参考信息。不仅如此，每个时点均处于不同预算周期的不同阶段，任何一个预算周期中某个时点出现的问题均可能影响到其他预算周期该时点的运行，进而影响到整个预算的方向和运行。不仅如此，预算的失败往往与参与者过度自信、私欲膨胀有关，在规则和制度上做出安排，使预算规模和经济体量保持适当比例，使预算收支相对均衡，使政府的预算行为受到必要约束，是预算长治久安的重要基础。

上第二十九章。承上章居上不骄而言，亦人道也。

不要对预算抱很大期望，那些好预算也仅仅是错误较少的预算，可以有预算理想，别指望理想的预算。中听的不一定中用，中用的不一定合规，合规的不一定有效，有效的不一定广泛认可。预算是个政治过程，是政治家理想的贯彻，是民意的表达和形成，是官僚体系日复一日的忙忙碌碌，如果没有政治家坚定的支持，如果民意没有通畅的渠道被有关方面了解并接受，如果官僚体系涣散低效，口号喊得再响，也不会有好预算。

在塑造未来的筹划中，预算不断发现人、顺应自然、革新技术、发展社会。人民是预算的出发点和归宿，预算收入来自人民，预算支出服务于人民迫切和长远的需要，这个集体的创造过程离不开现行的文化制度、物质条件、技术水平和治理能力，过往的经历中有哪些可以汲取的经验？怎样的预算目标才能做到实事求是？预算是通向未来的枢纽：为实现预期目标，如何筹措收入、配置资源、实施再分配？

预算通过再分配社会资源，为每个人在集体行动中提供了自我实现的可能。预算是机遇，也是危机，如果消极退让、听之任之，就是放弃自己配置公共资源的宝贵权利，如果没有合理的决策机制，合成谬误随时可能将社会引入歧途，使政府好似利维坦，使预算成为经济衰退、两级分化、文化凋敝的加速器。好预算难得，坏预算常有，预算者要有忧患意识：敬畏自然，敬畏社会，敬畏技术，坚守谦卑自省的态度。没有精心设计的纠偏机制、夙夜兢兢的参与者，耗费人们无数时间精力的预算，难免带来不尽如人意的结果。

第三十章

仲尼祖述尧舜，宪章文武；上律天时，下袭水土。祖述者，远宗其道。宪章者，近守其法。律天时者，法其自然之运。袭水土者，因其一定之理。皆兼内外该本末而言也。

预算要有理想。预算理想从属于国家理想，服务于国家理想，是从远处照亮预算现实的光。预算要有战略，预算战略是国家战略的一部分，进入新发展阶段，预算要贯彻新发展理念，通过推动预算体系和预算能力的现代化，促进新发展格局的形成。预算要有时代性，从我国的发展实际和内外部环境出发，坚定政治理想，认清经济现实，夯实预算基础，推动各项事业全面发展。预算要有民族性，预算要扎根中国大地，符合中国人民的文化传统、习惯和需要，适应中国的政治体制和治理方式，能够有效解决中国各级政府预算的现实问题。

辟如天地之无不持载，无不覆帱，辟如四时之错行，如日月之代明。辟，音譬。帱，徒报反。错，犹迭也。此言圣人之德。

对政府而言，预算无处不在，全口径管理预算，才能全面系统地配置资源，规范管理，控制风险。预算生生不息，根据治国理政的需要推陈出新，有保有压，才能做到业财融合、以财行政。

万物并育而不相害，道并行而不相悖，小德川流，大德敦化，此天地之所以为大也。悖，犹背也。天覆地载，万物并育于其间而不相害；四时日月，错行代明而不相悖。所以不害不悖者，小德之川流；所以并育并行者，大德之敦化。小德者，全体之分；大德者，万殊之本。川流者，如川之流，脉络分明而往不息也。敦化者，敦厚其化，根本盛大而出无穷也。此言天地之道，以见上文取辟之意也。

预算的理想状态是并行不悖，政府干政府该干的事，各部门、各级政府各司其职。不重复征税，不征过头税，也不跑冒滴漏，否则就免税、减税、严格征税；避免项目支出碎片化，不参与市场运行，不重复安排项目支出，项目支出不相互矛盾，否则就退出竞争性领域，整合计划和预算，调整部门间职能，优化政府间财政体制。预算编制时要反复问：是不是使命所在？是不是无用功？有没有管闲事？所有的预算收支最终都要回到一个基本问题：是否已经最有效地服务于人民对美好生活的追求？换个投向、换种使用方式，会不会更好？形势在变，时代在变，预算也在变，没有哪项收支能永恒。正是在永恒的生灭变化中，预算生生不息，吐故纳新，充满活力。

上第三十章。言天道也。

预算是实现政治理想的手段，预算离“财成天地之道，辅相天地之宜，以左右民”的理想越近，人们离政治理想也就越近，这个境界虽然可望而不可及，却能照亮所有的预算努力，赋予无穷无尽的报告、表格、数字以及令人精疲力竭的预算博弈以意义，同时也成为评判所有这一切的价值准绳。预算模式不是无中生有，必须贯彻政治家的治理方略、顺应预算形势和预算现实。预算模式来来去去，或新瓶装老酒，或老瓶装新酒，莫不是为了追求政治理想和预算理想，如果理想失落，围绕预算模式的所有努力便没有方向、没有意义，但不顾形势和现实地紧追政治理想或预算理想，则会在疲于奔命中南辕北辙。为了理想，必须现实。增税还是减税？支出在功能之间、政府之间如何配置？预算管理采用何种机制？回应这些问题要认清预算形势，尊重预算现实。经济下行，预算要与民生息、培养元气；经济、社会矛盾突出，预算则要迎难而上、攻坚克难。经济社会发展的历史淬炼出一些基本的预算规律和方法，花架子赢不了真好汉，要让它们真正发挥作用，就必须从实际出发，赋予新精神、新动能。

预算无所不在，不是说预算要面面俱到、撒胡椒面，而是预算要有全口径全覆盖的格局和视野。有无相生，对预算而言，支出保障的，要有理由，支出不保障的，也要有理由。现在保障的，可能逐渐消亡，现在不保障的，可能成为今后支出的重点。逝者如斯夫，不舍昼夜，预算在永恒的变化中不断演进，当你以为自己已经很了解它时，它的表现却令你出乎意外。预算是年度的，有始有终，收入任务、支出责任压得人喘不过气来；预算又是周而复始的，方生方死，方死方生，看不到边际，如果没有中期或长期视野和规划，如果不能预做打算，早做安排，便不可能科学合理。人无远虑，必有近忧，一项收入，一项支出，长期会怎样？有何影响？要摆在经济社会发展波澜壮阔的画卷中思考，放在预算生生不息的洪流中求索。

预算简单之至，预算复杂至极。简单说，就是一收一支；复杂讲，无数的收入和无数的支出交织成一张密布整个政府和社会的资源配置网络；宏观讲，收支要平衡、可持续，要能够支撑政府治理体系的高效运转和健全完善，支持政府治理能力的建设和提升，有利于施政方略的贯彻落实；微观讲，所有的收支要脉络分明、并行不悖、川流不息，每项收入要找到自己的归宿，每项支出要回溯自己的来源。预算交叉重叠、矛盾冲突的实质是低效运转的政府，要优化调整预算，就必须真正优化调整政府的治理模式和治理结构。预算无法独善其身，政治理想或预算理想引领预算变革，为预算而预算只能在枝节问题上打转转，预算领域实质性的变化无不来自对经济与社会、政府与市场、中央与地方、国内与国际、吃饭与建设等领域一系列重大问题认识和实践上的突破。

第三十一章

唯天下至圣，为能聪明睿知，足以有临也；宽裕温柔，足以有容也；发强刚毅，足以有执也；齐庄中正，足以有敬也；文理密察，足以有别也。知，去声。齐，侧皆反。别，彼列反。聪明睿知，生知之质。临，谓居上而临下也。其下四者，乃仁义礼知之德。文，文章也。理，条理也。密，详细也。察，明辩也。

预算与计划不能分离，预算规划应与事业规划同步编制、同步完成，只有建立跨年度宏观预算框架，才能从事业发展需要出发，量力而行，在年度间合理配置预算总量和结构。预算要有温度，在基本公共服务提供上兜牢底线，保障生存权和发展权，推动乡村振兴，促进共同发展。预算要确保重点，充分发挥集中力量办大事的优势，咬定青山不放松，花大力气解决影响经济社会长远发展的重大问题和瓶颈问题。预算要有严肃性，各级政府和部门不折不扣地贯彻落实《预算法》和《预算法实施条例》，依法行政，把规定动作做到位，充分发挥预算在政府治理体系和治理能力现代化过程中的基础作用。预算要夯实基础，推进预算一体化建设，全面提升预算管理效率，深化预算绩效管理，落实预算部门主体责任，做到精益管理、赏罚分明。

溥博渊泉，而时出之。溥博，周遍而广阔也。渊泉，静深而有本也。出，发见也。言五者之德，充积于中，而以时发见于外也。

时代需要不同，预算不同。或控制或计划或管理，某方面功能凸显不排斥其他功能的存在，没有控制，如何计划呢？没有计划，如何管理呢？没有管理，又何从控制呢？预算广大深沉，认识整体，才能理解局部。

溥博如天，渊泉如渊。见而民莫不敬，言而民莫不信，行而民莫不说。见，音现。说，音悦。言其充积极其盛，而发见当其可也。

预算是政府对人民的承诺。预算高瞻远瞩、实事求是、目标明确、清晰明了、公开透明、执行有效，政府就能赢得人民的信任和拥戴。

是以声名洋溢乎中国，施及蛮貊；舟车所至，人力所通；天之所覆，地之所载，日月所照，霜露所队；凡有血气者，莫不尊亲，故曰配天。施，去声。队，音坠。舟车所至以下，盖极言之。配天，言其德之所及，广大如天也。

预算影响国家的国际地位。得到人民广泛认同的预算能够有力地推动国家发展，增进人民福利，进而提升国家在国际社会的地位。不仅如此，预算中国际事务支出的有效使用也会促进国家国际影响力的提升。

上第三十一章。承上章而言小德之川流，亦天道也。

如何实现理想的预算？一则深思，预算是投资、是创新创造，想深、想透、想明白，才能发现真需求，找到好办法，回应迫切需求，实现长远利益。二则宽容，预算是所有人的预算，是所有存在的预算，要众乐乐。各个行业、阶层、民族、地域的人，社会和自然等等要共存共荣，预算就要有胸怀，有温情，促进包容性发展。三则坚守，预算面对诸多诱惑，很容易失控。在无限制地增加政府收入的诱惑面前，要清醒地认识到政府失灵的可能，用程序、规则牢牢控制住政府规模；在漫无边际的支出需求、权利性项目和形象工程的诱惑面前，要坚决贯彻施政方略，避免偏离主线。四则谨慎，预算临渊履薄、风险重重，宏观层面要控制财政风险，想方设法揭示财政风险，量力而行，严控债务规模；微观层面要一以贯之地健全内控机制，避免合规性风险。五则精益，有精益求精的人民和精益求精的政府，才有规范高效的预算。预算周期的每个环节均贯彻精益思想，讲得清，定得明，落得实，做得好，预算才可能有绩效。

理想的预算要广大、深厚。广大，就是支出方面大处着眼、长远打算、兼容并蓄；深厚，就是收入的经济基础扎实，稳健充沛、源源不断。理想的预算还要“时中”，要遵循经济、政治、文化、社会、生态发展的规律，不回避、不浮夸、不放弃，有目标、有措施、有能力，当行则行，当止则止。这样的预算才是人民的福祉，才能得到人民和政府的共同认可和尊重，才是一个可预期、可落实、人民满意的预算。有这样的预算，就有值得尊重、信服、满意的政府，就能够在国际上有理有节地承担责任和发挥作用，赢得广泛的尊重、信服和满意。

第三十二章

唯天下至诚，为能经纶天下之大经，立天下之大本，知天地之化育。夫焉有所倚？夫，音扶。焉，于虔反。经，纶，皆治丝之事。经者，理其绪而分之；纶者，比其类而合之也。经，常也。大经者，五品之人伦。大本者，所性之全体也。惟圣人之德极诚无妄，故于人伦各尽其当然之实，而皆可以为天下后世法，所谓经纶之也。其于所性之全体，无一毫人欲之伪以杂之，而天下之道千变万化皆由此出，所谓立之也。其于天地之化育，则亦其极诚无妄者有默契焉，非但闻见之知而已。此皆至诚无妄，自然之功用，夫岂有所倚着于物而后能哉。

预算模式无法复制，照搬照抄无济于事，有什么样的政府，就有什么样的预算。只有来自人民、代表人民的政府，才能建立以人民为中心的预算，多渠道统筹资源，面向“国之大者”优化配置，推动各项事业全面发展。预算的本质是政治，政治正确，预算才可能正确；政治先进，预算才可能先进。预算制度、预算管理固然重要，但只有牢牢把握正确的政治方向，预算才有光明的前景。

肫肫其仁！渊渊其渊！浩浩其天！肫，之纯反。肫肫，恳至貌，以经纶而言也。渊渊，静深貌，以立本而言也。浩浩，广大貌，以知化而言也。其渊其天，则非特如之而已。

预算的至善境界有三个特征：以人为本，围绕人民群众对美好生活的向往上下求索，创新创造，精益求精；基础深厚，厚植财力基础，控制财政风险，预算安排要接地气，预算执行要见实效；格局广大，贯彻新发展理念，落实国家战略，促进人的全面发展。

苟不固聪明圣知达天德者，其孰能知之？圣知之知，去声。固，犹实也。郑氏曰："惟圣人能知圣人也。"

预算的理想境界属于有理想、锐意进取、持续改进的政府。

上第三十二章。承上章而言大德之敦化，亦天道也。前章言至圣之德，此章言至诚之道。然至诚之道，非至圣不能知；至圣之德，非至诚不能为，则亦非二物矣。此篇言圣人天道之极致，至此而无以加矣。

预算通过配置资源体现政府意志，校正市场失灵，促进人与社会、自然的发展与和谐。预算收支的统筹兼顾、分分合合决定于预算者，预算者一味地追逐私利和个人得失，预算过程无法有效控制政治分肥、调节利益冲突，预算就无法落实政治方略，甚至会激化矛盾，制造新的问题；预算者一心为公，对人民、社会、自然真诚、真实，预算过程民主高效，预算才能扎根中国大地，顺应民意，服务民生，才能量力而行，尽力而为，促进和谐发展。预算者的境界和预算过程的组织方式决定预算的境界，预算成败的决定因素不是技术手段、具体的管理流程和规范标准等，而是有公共精神的预算者和激励公共精神的制度安排：手握预算重权的政治家克己奉公，预算工作者兢兢业业，人民群众积极参与，三者兼具，预算绩效才有可靠的保障。

第三十三章

诗曰“衣锦尚絅”，恶其文之着也。故君子之道，闇然而日章；小人之道，的然而日亡。君子之道：淡而不厌，简而文，温而理，知远之近，知风之自，知微之显，可与入德矣。衣，去声。絅，口迥反。恶，去声。闇，于感反。前章言圣人之德，极其盛矣。此复自下学立心之始言之，而下文又推之以至其极也。诗国风卫硕人、郑之丰，皆作“衣锦褧衣”。褧、絅同。襌衣也。尚，加也。古之学者为己，故其立心如此。尚絅故闇然，衣锦故有日章之实。淡、简、温，絅之袭于外也；不厌而文且理焉，锦之美在中也。小人反是，则暴于外而无实以继之，是以的然而日亡也。远之近，见于彼者由于此也。风之自，着乎外者本乎内也。微之显，有诸内者形诸外也。有为己之心，而又知此三者，则知所谨而可入德矣。故下文引诗言谨独之事。

预算要朴素务实。声势浩大的预算改革往往难以奏效，理想脱离实际，口号越响，越难落地。美妙动听的预算承诺常常无法兑现，没有持续稳定的财力基础，说再多都是徒劳。规模宏大的基础设施悄悄埋下财政风险，债务留给后任，自然借得痛快。凡此种种，追求一时的政治效应或虚假繁荣，负面效应长时期都很难消除。预算难以独善其身，必须在政府治理改革中定位预算改革；预算周而复始，可以从长期去策划可能的变化。从预算现实出发，综合权衡各种内外部因素，上策往往在短期内激化矛盾、增加成本，同时没有显著的成效，但长期坚持，却可能全面完善预算体系，提升预算能力。改什么，怎么改，改还是不改？避重就轻往往难以深入，迎难而上才能取得实效。解决瓶颈问题需要政治勇气和判断，要建立长效机制，推动管理层持之以恒地改进。以预算绩效管理为例，现在的精力主要放在明确绩效目标、强化成本核算、健全评估机制等方面，这些基础性工作的确重要，但深化预算绩效管理的瓶颈问题是如何调动预算部门的积极性和创造性，形成主动作为、百花齐放的局面，这就不单单是预算问题了，必须从绩效政府建设的高度系统布局、全面推进，在部门考核、人员薪酬体系等方面做出实质性改变。

诗云："潜虽伏矣，亦孔之昭！"故君子内省不疚，无恶于志。君子之所不可及者，其唯人之所不见乎。恶，去声。诗小雅正月之篇。承上文言"莫见乎隐、莫显乎微"也。疚，病也。无恶于志，犹言无愧于心，此君子谨独之事也。

用钱的人决定预算成败。预算方案中的数字和简单说明只是预算的冰山一角，勾勒出预算的轮廓，留下模糊的印象，个中玄机只有用钱的人才明了。用钱的人真心编预算，用心执行预算，小心控制风险，预算才能规范有效。现实中，预算往往演化为一场猫捉老鼠的游戏，预算编制时言不由衷，投其所好或夸大其词；预算执行中业财分离，以花钱为目的，僵化呆板或随心所欲。花钱的人不精打细算，预算就难以控制；花钱的人得过且过，预算就缺少计划；花钱的人老调重弹，预算就没有绩效。预算机制能够使用钱的人自省、自律、自强，预算才能规范有效。一切预算措施，如果无法深入到这个层面，持续发挥影响，都很难取得实效。

诗云："相在尔室，尚不愧于屋漏。"故君子不动而敬，不言而信。相，去声。诗大雅抑之篇。相，视也。屋漏，室西北隅也。承上文又言君子之戒谨恐惧，无时不然，不待言动而后敬信，则其为己之功益加密矣。故下文引诗并言其效。

预算透明改变预算生态。网络时代，预算透明度大幅提升，先进经验迅速传播，预算参与者必须加快学习步伐；缺陷失误全面曝光，责任人承受重重压力。预算中的"秘密"减少，模糊地带缩小，预算过程在众目睽睽下进行，信息不对称下降，预算冲突激化的可能性提高。预算规则如何因势利导？一则绩效导向，引入竞争机制，改进激励机制；二则明确底线，废除不必要的条条框框，明确必须遵守的规则标准。预算参与者如何自处？一则锐意创新，追求卓越；二则严守规矩，依法行政。

诗曰："奏假无言，时靡有争。"是故君子不赏而民劝，不怒而民威于鈇钺。假，格同。鈇，音夫。诗商颂烈祖之篇。奏，进也。承上文而遂及其效，言进而感格于神明之际，极其诚敬，无有言说而人自化之也。威，畏也。鈇，莝斫刀也。钺，斧也。

预算文化影响深远。预算制度很重要，没有规矩，不成方圆，但制度不能解决所有问题，预算制度管不到的地方，收支无序运行，往往争执不下，牵扯大量时间和精力。扩大制度的覆盖范围可以部分解决问题，但规定太多、太细也有问题，往往有规范、无绩效。这时便需要文化填补空白，预算参与者在某些基本理念、原则和常规做法上形成共识、心照不宣、心存敬畏、点到为止。预算文化的形成是个漫长的过程，一旦形成，则能发挥重要作用，预算绩效文化会激发预算部门的创新活力，预算法治文化则会抑制预算违规行为。文化的力量最终诉诸人的自觉，当预算参与者在预算理念、原则、程序、方法等方面形成共识时，预算将进入一个新境界。

诗曰："不显惟德！百辟其刑之。"是故君子笃恭而天下平。

诗周颂烈文之篇。不显，说见二十六章，此借引以为幽深玄远之意。承上文言天子有不显之德，而诸侯法之，则其德愈深而效愈远矣。笃，厚也。笃恭，言不显其敬也。笃恭而天下平，乃圣人至德渊微，自然之应，中庸之极功也

预算贵在真实合理。预算过程一向被视为争夺资金的战场，预算部门使出浑身解数力争上游。资金申请或远超所需，等着被砍；或低于实际，择机追加；或标新立异，投其所好；或危言耸听，虚张声势。五花八门的预算策略扭曲了预算行为，导致资源错配、资金使用效率不高。究其原因，是政府内外的预算文化或好大喜功、或颓废虚无，预算申请没有底线，部门之间缺少信任。要正本清源，就要建立必要的激励和约束机制，促进预算参与者忠于事业、敬畏预算，形成崇尚真实与理性的预算文化。

诗云：“予怀明德，不大声以色。”子曰：“声色之于以化民，末也。”诗曰：“德輶如毛”，毛犹有伦。“上天之载，无声无臭”，至矣！輶，由、酉二音。诗大雅皇矣之篇。引之以明上文所谓不显之德者，正以其不大声与色也。又引孔子之言，以为声色乃化民之末务，今但言不大之而已，则犹有声色者存，是未足以形容不显之妙。不若烝民之诗所言“德輶如毛”，则庶乎可以形容矣，而又自以为谓之毛，则犹有可比者，是亦未尽其妙。不若文王之诗所言“上天之事，无声无臭”，然后乃为不显之至耳。盖声臭有气无形，在物最为微妙，而犹曰无之，故惟此可以形容不显笃恭之妙。非此德之外，又别有是三等，然后为至也。

预算自强不息。预算发展过程中形成许多规定，规定越多，自由越少，部门越累，抱怨越多。花钱的人决定预算绩效的有无，预算部门无动于衷，要求再多也是徒劳。预算部门的觉醒就是预算的觉醒，预算部门的理性与自由就是预算的理性与自由。对预算而言，自强不息是精神特质，润物无声、自然而然则是理想境界了。

上第三十三章。子思因前章极致之言，反求其本，复自下学为己谨独之事，推而言之，以驯致乎笃恭而天下平之盛。又赞其妙，至于无声无臭而后已焉。盖举一篇之要而约言之，其反复丁宁示人之意，至深切矣，学者其可不尽心乎！

网络时代改变了预算世界。预算透明度提高，预算编制、决策、执行、评价和审计的公开信息迅速增长，政府各部门、政府与市场、社会的信息鸿沟正在变窄变浅，预算更易理解，也更难独善其身；随着政府与市场、社会合作的深化、预算绩效管理的推进，市场、社会的预算意识觉醒并在预算上有更大的发言权和影响力，预算权向政府之外加速扩散，预算的组织方式日趋复杂；随着观念的迅速变迁、经济和社会的加速变革、电子政府的深化和大数据等技术手段的广泛应用等，所有预算收支均可能面临价值重估，预算参与者随时可能面对来自政府内外的质疑，预算失当和违规行为的成本提高。

预算的未来何在？

“荷此长耜，耕彼南亩，四海俱有。”（先秦《祠田辞》）未来要本枝百世、从容在预算之道上，就要编制和落实以人民为中心的预算，树立忧患意识和自强意识，控制与绩效并重。

人民预算为人民。当人民的需要变为对美好生活的向往时，预算的结构和重点也随之而变。税收或收费要控制或降低，赋予人民更多的经济自主权，同时为经济发展赋能；支出要彰显公平正义，基本公共服务要更加完善，要着力解决地区差距、城乡差距、收入差距等问题，不断增强人民群众的获得感、幸福感、安全感。政府预算收支要公开透明，可理解，能问责。重大的政府预算收支安排和调整要充分听取民意，做到预算来自人民，预算服务人民。

百年未有之变局，预算要自立自强。要坚定应对宏观财政风险的自觉，进一步明确确保中长期财政安全的规则和策略，有所为，有所不为。预算平衡要主动应对空前上升的内外部风险，增强忧患意识，坚持底线思维，收入预计积极稳妥，支出安排充分考虑经济、政治、社会发展中的各种风险隐患，尽力而为，量力而行。坚定不移地推动高质量发展，一手抓减税降费，促进市场主体和实体经济发展，另一手大力支持科技创新，系统谋划，钩深致远，赢得长远竞争优势。财政支出安排要刚柔并济，在确保基本公共服务投入的前提下，要花大力气提高预算支出安排的精准度和灵活性，着力化解支出刚性，最大限度盘活存量，避免闲置和不足并存的局面，全面提升预算资金配置效率和使用绩效。

控制为本，绩效为道，预算控制政府行为，但预算的目的是绩效。预算历史的经验是先控制，再绩效，或通过放松控制改进绩效，而现阶段我们的历史使命是加强控制和提升绩效并重，要破解这个难题，出路只能是在新发展理念的指导下，创新预算治理模式。即持之以恒地推进中期预算体系建设，聚焦国之大者整合计划和预算，明确方向，把稳节奏，控制系统性风险；坚定不移地全面实施预算绩效管理，牢牢牵住预算资源配置机制体制这个牛鼻子，通过预算绩效管理与完善国家行政体制、优化政府职责体系、优化政府组织结构、健全充分发挥中央和地方两个积极性体制机制等改革协同推进，提升国家治理绩效。全面贯彻预算法及其实施条例，围绕实施全面规范、公开透明的预算制度，提高预算编制质量，健全预算决策机制，规范预算执行过程，加强预算审计和评价，加大预算公开和参与力度，全面夯实预算管理的科学化、法制化基础。